当代世界学术名著

Gatekeeping Theory

把关理论

[美] 帕梅拉·J·休梅克
Pamela J. Shoemaker
蒂姆·P·沃斯
Tim P. Vos
／著

孙五三／译

新闻与传播学译丛
大师经典系列

中国人民大学出版社
·北京·

新闻与传播学译丛·大师经典系列　　　　　　　展江　何道宽／主编

"新闻与传播学译丛·大师经典系列"
总　　序

　　新闻与大众传播事业在现当代与日俱增的影响与地位，呼唤着新闻学与传播学学术研究的相应跟进和发展。而知识的传承，学校的繁荣，思想的进步，首先需要的是丰富的思想材料的积累。"新闻与传播学译丛·大师经典系列"的创设，立意在接续前辈学人传译外国新闻学与传播学经典的事业，以一定的规模为我们的学术界与思想界以及业界人士理解和借鉴新闻学与传播学的精华，提供基本的养料，以便于站在前人的肩膀上作进一步的探究，则不必长期在黑暗中自行摸索。

　　百余年前，梁启超呼吁："国家欲自强，以多译西书为本；学子欲自立，以多读西书为功。"自近代起，许多学人倾力于西方典籍的迻译，为中国现代社会科学和自然科学的建立贡献至伟。然而，由于中国新闻学与传播学的相对年轻，如果说梁任公所言西学著述"今之所译，直九牛之一毛耳"，那么新闻学与传播学相关典籍的译介比其他学科还要落后许多，以至于我们的学人对这些经典知之甚少。这与处在社会转型过程中的中国的社会经济文化发展的要求很不协调，也间接造成了新闻与传播"无学"观点的盛行。

　　从1978年以前的情况看，虽然新闻学研究和新闻教育在中国兴起已有半个世纪，但是专业和学术译著寥寥无几，少数中译本如卡斯珀·约斯特的《新闻学原理》和小野秀雄的同名作等还特别标注"内部批判版"的字样，让广大学子避之如鬼神。一些如弥尔顿的《论出版自由》等与本学科有关的经典著作的翻译，还得益于其他学科的赐福。可以说，在经典的早期译介方面，比起社会学、政治学、经济学、法学、心理学等现代社会科学门类来，新闻学与传播学显然先天不足。

　　1978年以后，尤其是20世纪90年代中期以来，新闻与传播教育和大众传播事业在中国如日中天。但是新闻学与传播学是舶来品，我们必须承认，到目前为止，80%的学术和思想资源不在中国，而日见人多势众的研究队伍将80%以上的精力投放到虽在快速发展但是仍处在"初级阶段"的国内新闻与大众传播事业的研究上。这两个80%倒置的现实，导致了学术资源配置的严重失衡和学术研究在一定程度上的肤浅化、泡沫化。专业和学术著作的翻译虽然在近几年渐成气候，但是其水准、规模和系统性不足以摆脱"后天失调"的尴尬。

我们知道，新闻学产生于新闻实践。传播学则是社会学、政治学、心理学、社会心理学等学科以及新闻学相互融合的产物。因此，"新闻与传播学译丛·大师经典系列"选择的著作，在反映新闻学研究的部分代表性成果的同时，将具有其他学科渊源的传播学早期经典作为重点。我们并不以所谓的"经验学派/批判学派"和"理论学派/务实学派"划线，而是采取观点上兼容并包、国别上多多涵盖（大致涉及美、英、德、法、加拿大、日本等国）、重在填补空白的标准，力争将20世纪前期和中期新闻学的开创性著作和传播学的奠基性著作推介出来，让读者去认识和关注其思想的原创性及其内涵的启迪价值。

法国哲学家保罗·利科（Paul Ricoeur）认为，对于文本有两种解读方式：一种是高度语境化（hypercontextaulisation）的解读，另一种是去语境化（decontextaulisation）的解读。前者力图从作者所处的具体社会语境中理解文本，尽可能将文本还原成作者的言说，从而领会作者的本意；后者则倾向于从解读者自身的问题关怀出发，从文本中发现可以运用于其他社会语境的思想资源。本译丛的译者采用的主要是第一种解读方式，力图通过背景介绍和详加注释，为读者从他们自身的语境出发进行第二种解读打下基础。

"译事之艰辛，惟事者知之。"从事这种恢宏、迫切而又繁难的工作，需要几代人的不懈努力，幸赖同道和出版社大力扶持。我们自知学有不逮，力不从心，因此热忱欢迎各界读者提出批评和建议。

"新闻与传播学译丛·大师经典系列"
编委会

目 录

致　谢 / 1

序言　把关的重要意义 / 1

第一部分　认识把关

第一章　把关概念 ………………………………………… 3
第二章　把关程序 ………………………………………… 16

第二部分　把关——层级分析

第三章　传播者个体分析 ………………………………… 31
第四章　传播常规分析 …………………………………… 53
第五章　媒体机构分析 …………………………………… 67
第六章　社会机制分析 …………………………………… 84
第七章　社会系统分析 …………………………………… 111

第三部分　把关研究的理论化

第八章　场论与把关 ……………………………………… 127
第九章　信息流通渠道 …………………………………… 139
第十章　21世纪我们如何研究把关 ……………………… 149

参考文献 …………………………………………………… 157
索　引 ……………………………………………………… 183
译后记 ……………………………………………………… 209

致 谢

有许多人对这本书做出了贡献，但我要特别提及四个人。这个项目历时数年，有几代研究生助理参加。丽贝卡·雷诺兹（Rebecca Reynolds），现任 World Wide Workshop Foundation 研究总监，她攻读雪城大学硕士研究生期间，帮助更新了 1991 年 Sage 版传播概念系列中的《把关》。凯文·甘格·汉（Kevin Gang Han），现任艾奥瓦州立大学新闻学助理教授，他完成了后续的文献更新工作。研究助理铉真濑尾（Hyunjin Seo）和菲利普·约翰逊（Philip Johnson）再次更新了这本书的文献，并完成了我们难以计数的要求。本书的出版还要感谢雪城大学的约翰·本·斯诺基金。

本书的出版还要感谢西东大学的埃米·尼伯格（Amy Nyberg）、伊丽莎白城学院的布莱恩·格林伯格（Bryan Greenberg）和科罗拉多州立大学的帕特里克·普莱森斯（Patrick Plaisance），他们和我分享了自己的思想，并给予我鼓励。特别感谢苏齐特·沃斯（Suzette Vos）在整个项目过程中所给予的支持和鼓励。

序言
把关的重要意义

把关，就是日复一日，将无数信息筛选、加工，将之变成数量有限的讯息，然后传递给大家。这就是现代公共生活中媒体的主要作用。把难以计数的事件信息转换为数量可控的人们需要的媒体讯息，媒体可谓责任重大。从表面上看，把海量的潜在讯息缩减到如此之少，几乎是不可能的，但一个来源久远的处理程序，保证了媒体能够日复一日，年复一年，持续服务于受众。这个程序不仅决定选择哪些信息，还决定成品新闻的具体内容和形态。本书就是要解释这样一个功能强大的程序如何运作，并且对新近媒体发展中所显露的问题做一个检视。

2003年美国入侵伊拉克时，美国主流新闻媒体几乎没有记者质疑这次行动。那些提出质疑的人被政府，也被受众斥责为不爱国，有些人因此失去了工作。除了少数例外，新闻机构排着队等待被"嵌入"到前线部队中的记者们发来的新闻（Boehlert，2006）。

当布什政府所谓先发制人的理由在2003年和2004年崩解时，一些记者回顾了媒体的足迹，试图探讨自己做错了什么。《哥伦比亚新闻评论》开始提问，在政府发起战争时，记者和社论作者是否应该更积极地履行监督政府的职责（Mooney，2004）。但这样的质疑声明显微弱。当所谓的唐宁街备忘录被曝光，其中表明美国官员曾打算修改证据以支持发动战争时，美国主流媒体最初几乎一致保持了沉默（Bicket & Wall，2007）。备忘录信息是怎么传出来的？通过什么渠道，通过了什么样的关卡，又有哪些关卡对它关闭？面对备忘录，美国主流媒体是如何做出不予报道的决策的？把关研究可以帮助我们找到这些问题的答案。

媒体多总比媒体少要好，这是美国与媒体相关的法律和政策的理论基础。更多的新闻媒体可以对一个事件做更多方位的报道，报道的信息也会各不相同。公众因此获得了更丰富和更多样化的信息，而事件的真相也更有可能被揭示。思想市场在众多媒体的竞争中发育成长，真相也因此难以隐藏（Carter，Franklin，& Wright，2005）。

唐宁街备忘录事件可以说支持了这个理论，因为美国替代性媒体的报道最终迫使主流媒体对备忘录和战争本身做出了更深入的调查和报道。不过，在战争初期，主流新闻媒体对质疑政府合法性的信息没有给予足够的注意，这是无法改变的事实。他们向公众发出了基本上相同的讯息。这一现象令人怀疑前面所说的假设，即拥有更多的媒体机构能够带来更加多样化和更丰富的信息环境。相反，这表明大多数媒体机构传播的新闻大体上是相似的。唐宁街备忘录并不是一个孤例。如何解释众多媒体机构都在生产相似产品的现象呢？

新闻机构对同一事件的报道有时又存在着显著的差异——选择不同的信息，生产不同的讯息。美国媒体的历史上充斥着这样的例子，例如20世纪中叶对民权运动和女权运动的报道，还有20世纪70年代，《华盛顿邮报》发表了最终迫使美国总统辞职（Streitmatter，1997）的系列报道。这些重大且有争议的报道案例也需要解释。我们在这里还要指出，即便在常规报道中，差异也是存在的。现代美国新闻业的基本理念是，生产反映客观现实的准确、真实的报道（Schudson，1978）。那么，面对同一社会现实，怎么会生产出不同的新闻呢？

除了这些问题，以上的例子还促使我们解答美国新闻界的另一个说法，即新闻和言论是不同的。新闻对当天的事件进行事实报道，而社论或评论则是带有观点和评判的。新闻报道的相似性可以解释为，一则信息，无论它是关乎一个城市，还是关乎全世界，反映的都是同一个社会系统，因而是大体相同的。而意见因人而异，是因为对同一个社会系统，人们有各种各样不同的评判。新闻内容都差不多，社论（评论）各有不同，顺理成章。

然而现实可没有那么整齐划一，关于民权运动的报道描绘了非常不同的图景，而关于伊拉克战争，不仅新闻报道是雷同的，评论也大体相似（Mooney, 2004）。民权报道的差异有一个简单明确的解释，那就是地理和文化的不同，美国南方与其他地方的新闻机构对民权运动就是有不同的看法。

对特定媒体现象追根溯源固然重要，不过，构建一个能够解释媒体在未来各种事件中的作用的理论，更有意义。我们相信，媒体学者的工作就是将各种对差异和共性的解释整合为系统，进而形成理论。理论是一组相互关联且逻辑自洽的关于假设、命题和推论的陈述（Shoemaker, Tankard, & Lasorsa, 2004）。它们可以描述、解释和预测某些现实。本书描述了社会事件经大众媒体处理变为新闻报道的过程，并从五个层级分析了这一过程。不过，关于把关的研究也显示出，只要涉及人，任何预测都必然困难重重。

关于把关的思考

构建一个把关理论至关重要。把关人决定了哪些事物构成人们眼中的社会现实，并影响人们各自特定的世界观。单独一次的把关决策看起来不足为道，但媒体所做的是日复一日处理大量千变万化的讯息，以及常规的讯息，就此而言，把关不仅复杂，而且非常重要。

无论是社会变革还是社会稳定的理论，都需要解释把关问题。杰斐逊、马克思、葛兰西和布尔迪厄都对这个问题有所关注。正如巴格迪基安（Bagdikian）所言："控制信息流的权力是控制社会的主要手段。赋予公民思想和信息选择的权利，与赋予他们政治选择的权利同样重要。"（Bagdikian, 1983, p.226）哈尔特（Hardt）写道："对传播媒体的控制可能意味着对社会思想的控制。"（Hardt, 1979, p.22）把关决定了我们定义自己生活和周围世界的方式，并最终影响到每个人对社会现实的认知。社会现实这个词在这里反映了一个显而易见的事实，即我们并非以同样的方式看待世界。客观现实在理论上可能存在，不过本书不讨论这个问题。

把关对受众最明显的影响是认知——它构建受众对世界的看法——有些人称之为"认知地图"（Ranney, 1983）。通过所有关卡的信息可以成为人们所认知的社会现实的一部分，而被挡在关卡外的信息通常不会。当然，新闻报道决策还包含一个评价维度，它可以潜移默化地影响人们的态度和观点（Alexander, 1981）。例如，议程设置研究曾经指出（McCombs & Shaw, 1976），通过关卡的议题被受众认为是最重要的，进而会影响相关舆论。我们还注意到，仅仅是控制住支持或反对的讯息的流动，就可以直接影响受众的态度和意见。例如，1991年海湾战争中美军对信息的控制并没有减少美国卷入战争的新闻数量，但是，负面报道数量有限，军方大概脱不了干系。这场战争不仅成为新闻媒体和公共议程的首要议题，而且在战后的民意调查中，把布什总统支持率提高到了前所未有的高度。

一旦所有媒体对现实的报道趋于一致，媒体对舆论的影响就达到了顶峰。诺埃尔-诺依曼（Noelle-Neumann, 1980）将这样的现象称为和声版现实。和声是指媒体以大致相同的方式呈现同一事件，其结果是受众只能依据有限的信息做出判断。好在我们从研究中了解到，媒体对世界的描述并不总是一致的；把关人所做的大量决策并不必然制造出相同的社会现实图景。卢特贝格（Luttbeg, 1983a）于20世纪80

年代初对100多家报纸所做的内容分析表明，各报的头版内容各不相同。作者认为，这种不同——可能是把关的结果，也可能与把关无关——导致人们的世界观因城市而异。米勒、戈登伯格和埃尔布林（Miller, Goldenberg, & Erbring, 1979）发现，公众对本地政府信心的差异与本地报纸上批评报道的数量有关。联播网新闻似乎差异不那么大。班茨（Bantz, 1990b）的研究显示，美国广播公司（ABC）、全国广播公司（NBC）和哥伦比亚广播公司（CBS）等媒体机构描述的世界相似度极高，因为它们在同一个新闻环境中运作，相互影响（见第六章），并且总是不断自我复制。我们说，互联网提供了多样化，但其实这只是一种假设，我们可以观察到，新闻门户网站创造的世界图景基本上是由主流新闻机构绘制的。

一个事件是怎么被报道的，相同还是相异，这样的讨论主要是在操作层面上，也就是说，着眼点是可见的内容，在这个层面上，每篇报道在某种程度上总是与其他报道有所不同。这种不同可能微不足道，也可能极其重大。当报道的性质和新闻价值被提升到理论层面时，我们才能够确切地解释为什么对同一事件会出现相似或不同的报道。休梅克（Shoemaker, 1996）提出，喜欢古怪、吓人和变化的信息，是人类大脑内在的品质。世界各国的新闻媒体都有关于异常的报道（Shoemaker & Cohen, 2006）。只不过何为异常，以及一个事件具有何种社会意义，这两个新闻价值维度是由一个国家的文化定义的。

也许，关于把关最需要注意的一个问题是，对大多数受众来说，没有被报道的议题和事件，就是不存在的。人们无法知道媒体没有告诉他们什么，除非他们亲身经历。之所以在美国和其他国家发展出大型的公共关系[①]行业，就是因为，据认为：媒体报道至关重要，那些挤进媒体内容的人和机构可以获得声望、权力和机会。甚至国家间也开展公关活动。美国要求其他国家登记此类针对美国政府的活动，也许

[①] 可简称为"公关"。——译者注

5　就是为了确保美国政府了解，它是公关活动的对象。其他国家可能认为，如果美国政府对它们的印象不好，就不肯在它们那里花钱。此外，国家形象也影响到军事和经济的合作（Wang, Shoemaker, Han, & Storm, 2008）。

公共关系主要服务于那些权力在握的人，不过也可以用于推广新思想：大众媒体就是这样一个渠道。通过大众媒体，新思想和介绍新思想的团体可以为更多的公众所了解。媒体介绍新思想是有条件的，社会团体必须为获得媒体的报道机会而付出努力，这也是为获得受众注意而付出的努力（Hart, 1994）。当然，媒体的报道并不能确保受众接受新思想，特别是当这些思想偏离传统价值，因此被视为非正统的时候（Shoemaker, 1984）——不过，如果没有机会曝光，那么几乎注定是失败的。

认识把关

本书将分三部分论述把关理论。首先，我们将探讨把关的理论定义。我们将从媒介社会学的视角分析把关，研究哪些因素影响媒体讯息的生产（Schudson, 2003）。其次，我们将把几十年来媒介研究文献中出现的解释性因素分成五个层级，分别展开讨论。最后，我们将探讨这五个层级之间的关系，进而建立一个系统化的、完整的理论模型。

在搭建理论体系时，词语的确定性是非常重要的。如果一个概念使用多个术语表达，就会产生混淆。我们首先将把关过程中被移动的东西定义为信息，偶尔我们用信息单元（unit）、比特（bit）或信息项（item）来表述。这些词语都是为了描述信息流。信息通常是关于事件（event）的。大众媒体为了向受众再现所汇集的信息，我们称之为讯息（message）。讯息包括新闻、观点、特写、视频等等。真正通过媒体发送出去的讯息被称为新闻（news）。

我们用"大众媒体"这个词来描述向很多人传递信息的机构，例如那些在互联网上创建网页、新闻门户网站或博客的机构，报纸、电视和广播公司，以及刊物。当我们谈到主流媒体和替代性媒体时，我们指的是，其所表达的思想是否超出了当代美国文化通常讨论的范围，以及它们的受众规模。虽然从全国范围看，主流媒体肯定比替代性媒体拥有更多的受众，不过观念的正统性与发行量或影响范围之间的关系并非绝对。

我们是新闻学专业出身，能想到的研究案例多来自新闻界，我们使用的术语也是新闻学的，但我们希望，我们的理论的解释范围不限于新闻媒体。当我们提到大众媒体的时候，并不是单指报刊——也就是报纸上的新闻，我们认为电影、音乐、书籍和戏剧都是大众媒体。尽管在把关文献中很难找到它们的身影，但我们认为把关的论述可以推及相关的学术研究，并激发创造性的思想。

有些作者在写作的时候喜欢把互联网这个词大写，但我们不这样做。我们认为互联网是和报纸或电视一样的大众媒体。大写互联网可能是因为它曾经是一个新媒体。新媒体这个词我们也不使用。互联网已经存在几十年了，电子邮件这类工具在20世纪80年代就在政府和大学中普及了，90年代，互联网已经成为一种重要的新闻媒体。新媒体已经发展成熟了。最后要说明的是，我们采用"网络新闻"（online）这个通用术语来指代受众通过互联网收到的信息，我们这个年纪的人余生都不会喜欢"线下"（offline）这个词，所以我们偶尔使用传统媒体来指代不在线的大众媒体。

20世纪末，互联网已经变成一种生机勃勃的新闻媒体，并在2000年美国总统选举中扮演了新的角色。这种情况使我们的研究更复杂了。不仅许多"传统"新闻机构创建了自己的网站[①]，独立的互联网新闻机

[①] 互联网和万维网这两个术语经常被用作同义词，用来指技术（计算机以及计算机网络）、软件（在联网计算机之间传输信息的程序）和特定位置，例如《纽约时报》网络版。虽然"线下"这个词很时尚，但我们认为用它来区分网络和现实世界，十分不妥。不过我们还没有找到合适的替代词语。——原注

构也建立起来了。现在，新闻"门户网站"从诸多网络新闻网站中抓取新闻，抓取哪些新闻（来自其他新闻机构）由计算机算法［如勒温（Lewin）的规则］决定。这些算法还决定了报道的编排顺序、登上版面的速度、分类（如世界新闻）、与其他新闻机构的链接等等。算法计算讯息的新闻价值，再按照规则安排新闻。

与其他大众媒体相比，互联网为受众提供了更多与新闻制造者、新闻创作者互动，以及彼此间互动的机会。这种高度的互动性将受众变成了把关人。受众现在可以自己决定接收某一类新闻的多寡，以及按自己的喜好在页面上重新排序，个性化自己的谷歌新闻首页，成为自己的把关人。在《纽约时报》网络版上，读者还可以很方便地将一篇文章通过电子邮件同时转发给许多人。《纽约时报》有一套不断收集这些信息的算法，并将转发数量排序，做成"邮件转发之最"发布在报纸的头版上。

当大众媒体的例行把关程序结束时，受众的二级把关就开始了。受众和"关先生"①一样，偏好这个，嫌弃那个。现在，《纽约时报》的工作人员可以窥视到人们喜欢什么，以及他们认为其他人喜欢什么。营销部门从此梦想成真：掌握了什么样的文章最受欢迎的硬核数据，不再需要依赖不可靠的自我报告问卷和不完善的焦点组访谈。

至于编辑部，"社会责任感"这条不变的圣训要求他们提供受众所需要的，而不是受众想要的——二者之间是有冲突的。我们尚不知道记者是否关注"邮件转发之最"列表，或者是否以它为参考做出把关的决定。但我们知道，在大众传播模式中，以往没什么说服力的代表受众反馈回路的虚线现在可以变成实线了。我们还知道，大众传播，无论是传播过程还是把关过程，都不再以大众媒体作为终点。当我们研究信息流时，受众变成了不可忽视的力量。

---

① 此处英文为 Mr. Gates，直译应为盖茨先生，考虑到中文容易产生误解，翻译为关先生。——译者注

读者的把关规则是五花八门的，例如要求更多的世界新闻和更少的体育信息，从中可以看出读者的兴趣和定制能力。每个读者取此舍彼的规则和网页上的排列最终都变成了针对读者个人的算法，算法被新闻门户网站的服务器记住，并在读者再次登录网站时，利用在用户计算机上留下的 cookies（用户定义的信息和规则集）识别用户及其选项。

在 2004 年美国总统选举中，互联网发挥了重要作用，在 2008 年选举中，互联网更成为不可或缺的组成部分，无论对候选人、新闻机构，还是对选民，无论是筹措竞选资金，还是选举工作人员和选民交流，互联网无所不在。有些人因此断言互联网宣布了把关理论的死亡，认为互联网上没有把关。我们不能同意这种说法。博客上的信息并不是在一条博文上传的瞬间横空出世，大多数博文既非原创，也看不出与其他博客或新闻网站上的信息有多大不同。博客上的信息是高度冗余的，其中很多信息并非博主亲历。博主和他们的员工通过大众媒体和人际渠道获取信息，然后按自己对世界的理解把信息拼接起来。这些信息就算有独特之处，也是以通过了无数关卡的信息为基础的。

第一部分
认识把关

作家和社会改革家厄普顿·辛克莱（Upton Sinclair）在20世纪初对主流新闻界精英严密控制报纸内容的状况深感绝望。辛克莱因出版《屠宰场》一书（1906）而成为著名的揭黑记者，他的书揭露了美国肉类包装行业制造的健康和安全隐患。1920年他在《贿金》一书中披露了美国新闻界的问题。辛克莱得出结论，现代报纸是"一个庞大而复杂的机构"（p. 223），它不会告诉你全部真相。它确将一些讯息传递给了读者，但对有些非常重要的讯息则三缄其口。他的书就是想寻求一个解释。他认为"大多数报纸记者是正派人"（p. 417），他们的工作被资本主义体系中权势熏天的出版商操纵。这个体系自有一套对待报刊的办法。这本书的结论是："新闻业是工业专制体制控制政治民主的手段之一"（p. 222）。

按当下社会科学的标准，20世纪这种报纸研究可能方法不够成熟，但是辛克莱研究的主题和结论与巴格迪基安（Bagdikian, 2004）或麦科切斯尼（McChesney, 1997）的研究相类似。事实上，他的一些主题可以说是怀特（White, 1950）、塔奇曼（Tuchman, 1978）和甘斯（Gans, 1979a）等人的研究问题的萌芽。沃尔特·李普曼（Walter Lippmann, 1922）在同一时期写道：选择报道题材是新闻界最重要的能力，"每一份送达读者的报纸都是一系列选择的结果，哪些是应该印出来的，印在什么位置上，占多大版面，强调哪些重点"（Lippmann, 1922, p. 63）。李普曼敦促读者了解报纸的传统和报纸的受众群，了解新闻何以成为新闻，不要被编辑的口味或判断力牵着走。李普曼对媒介常规的强调，可以在吉伯（Gieber, 1964）对怀特（White, 1950）开创性的把关研究的批评中看到，怀特的研究更关注把关过程中的个人选择。

既是新闻界的观察家也是记者的辛克莱和李普曼对新闻媒体为何报道此事而不是彼事各有结论，那么今天的把关研究与以前的观察结论有什么根本区别呢？我们认为，今天把关研究的价值在于它有一个理论透镜。为了建立这个理论，我们首先需要分别阐释把关概念和把关程序。

第一章 把关概念

令人遗憾的是,关于把关的理论不多,我们在后面的章节还要探讨这个问题。传播学知识库中原本缺少理论关怀,直到库尔特·勒温(Lewin,1947a)提供了把关人的隐喻。大卫·曼宁·怀特(White,1950)以"关先生"命名把关人,赋予了把关人生命。把关人隐喻为早期传播学者提供了一个讨论的框架:选择是如何发生的,为什么选择某些题材而拒绝另外一些。它还提供了一个架构,可以用于分析除选择之外更多的信息处理程序,诸如内容如何形成,如何构造,如何确定位置和时机,等等。

库尔特·勒温的渠道和把关人理论

1947年,库尔特·勒温去世后,他未完成的手稿《群体动力研究的前沿Ⅱ:群体生活的渠道;社会规划与行动研究》发表在《人际关系》杂志上。在这篇文章中,把关和传播第一次同时出现。勒温去世前担任麻省理工学院群体动力学研究中心主任。他还曾在美国其他大学任过教，其中包括艾奥瓦大学（Marrow，1969）。

这份手稿的第二个版本出现在 1951 年的《社会科学场论》一书中，是"心理生态学"一章的一部分，这本书是勒温论著的汇编①。场论是第一次世界大战期间，德国心理学界从物理学借鉴的概念（Bavelas，1948），一些心理学家想把人和环境分解为相互独立且可能存在因果关系的要素。他们"试图把行为解释为一个心理场，一个由多要素构成的动态整体"（Bavelas，1948，p. 16）。勒温接受过物理学训练，与这些心理学家一拍即合。所谓"场"，包括人和周边环境。场论拒绝把问题看作孤立要素之间的关系，主张要素之间相互关联，且存在动态的相互作用。勒温试图找到一种用数学度量心理作用的方法。他还想用"几何学来表达生命空间中各个部分的位置关系，用矢量来表达心理作用的强度、方向和作用点"（Bavelas，1948，p. 16）。勒温认为，心理学家可以像物理学家定义重力一样，把影响人的行为的作用力用数学公式表达出来。

当勒温论述如何改变人的饮食习惯时，他主要的目的是证明心理学家能够在广泛的社会变革中发挥作用（Lewin，1947a，p. 146）。在他对饮食的分析中，最初的假设是：并不是每个人都能参与吃什么的决策。因此，社会变革要把关注点放在对家庭食物选择最有决定权的人身上。勒温认为，食物通过多种渠道到达家庭餐桌。渠道之一是从杂货店购买，渠道之二是家庭菜园。图 1.1 显示了渠道的各个环节，每个环节都是一个行为的起始点。例如，在杂货店渠道中，前三个环节包括发现食物，购买，并将其带回家。来自菜园的食物则是从园艺商店购买种子或植物，并种植它们。水果和蔬菜在生长过程中，有些被除去，有些被昆虫或孩子吃掉，还有一些因缺乏肥料或水而枯萎，

---

① 勒温曾经在 1943 年给政府的国家研究院的报告《饮食习惯的背后动力及改变方式》中提到把关和"渠道理论"。但在该报告中，勒温没有将把关过程与传播联系起来，1947 年的手稿才有了这一讨论。——原注

可食用的也只有一部分被收获，其他的则烂在藤蔓或树枝上。

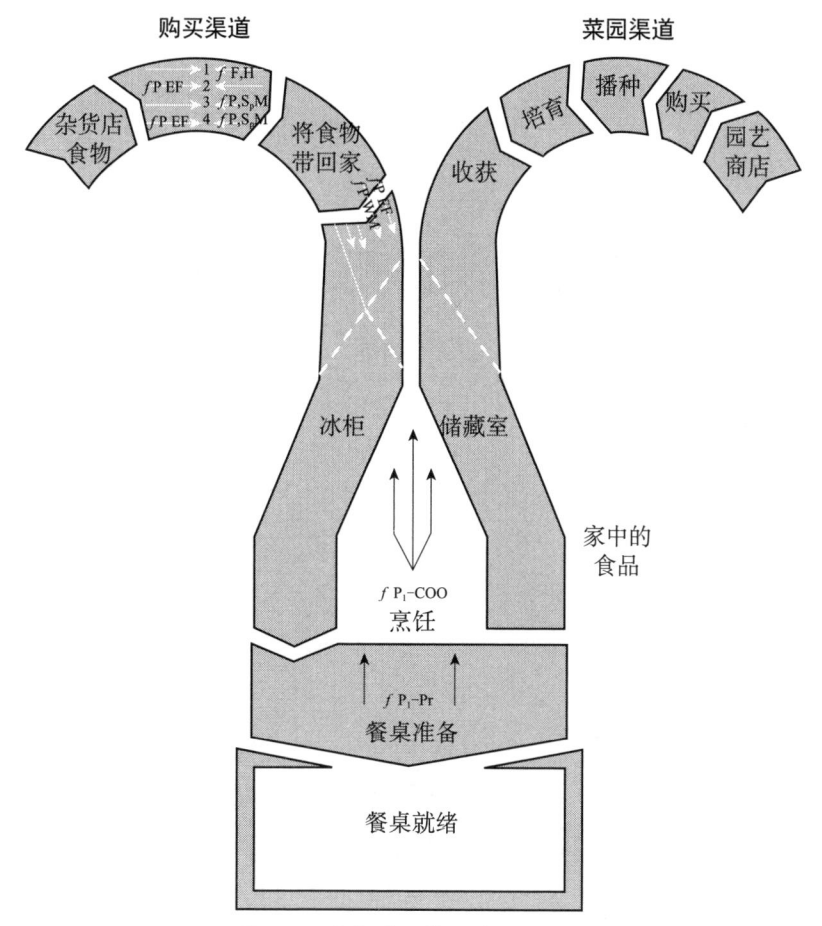

图 1.1　库尔特·勒温的把关模型

注：勒温的把关模型显示了食物到达家庭餐桌的两条渠道。渠道被分解为多个环节，在每一道关卡前都有限制食物通过的规则。关卡内外有各种作用力限制或推动食物在渠道中的移动。①

资料来源：勒温（Lewin, 1947a, p.144）。

杂货和菜园两条渠道在厨房合二为一。现在，必须决定哪种食品需要存储（放进冰箱还是烹饪？）。一些食物消失在冰箱深处，一些由

---

① 勒温的行为动力公式为：$B = f(P\ E)$。其中 B=行为，P=人，E=环境，f=函数，F, H（food on way to home）=食品回家，COO=加工。——译者注

于存放不当（*打开的果冻必须冷藏？*）被浪费。接下来，要决定是否以及如何烹饪，还是直接摆上桌生吃。最后，厨师做好了食物并摆放停当，供家人食用（Lewin，1947a，p. 144）。在每一个环节，食物都面临着被拒绝或被接受，不过更重要的是，每一次向下一环节的转移都会改变食物。蔬菜被切开，牛排被煎成半熟或全熟，土豆或炒或烤。我们看到，把关不仅涉及材料的入选或被拒，还包括如何改变它们，使其对最终消费者更有吸引力。如果把最终食用的过程也考虑进去，那么我们还会看到，食物的颜色、它们在盘子里摆放的方式都会影响我们是否食用的决定。甚至用餐环境也很重要。优雅的桌布、蜡烛和昏黄的灯光会创造一种让食物更诱人的环境。

食物进入渠道、进入每个环节，都会遇到关卡，食物在渠道中的移动受到数量不等的把关人或一套公平规则的控制（Lewin，1951，p. 186）。例如，因为商店经理/把关人的决定或政策，有些食品永远不会进入商店，购物者/把关人会错过一些货架，也就错过了一些商品。因为家庭的饮食习惯，购物者会在看到的那些商品中买这个，而拒绝那个。大多数被购买的食物会被成功运送到家（运输环节），其中一部分可能在途中被吃掉，一些容易坏的食品可能在运送过程中就坏掉了。食物进了家门后，由厨师/把关人评估哪些食物立即进入烹饪环节，如何烹饪，以及是否给大家吃。

勒温理论的要点之一是，作用力决定一个物品能否通过关卡。很明显，作用力控制着食物通过各渠道到达各环节的进入权。作用力不仅决定物品能否通过关卡，也影响物品的加工。购物者在商店购物时，会有正反两方面的作用力影响他是否将食品放入购物车。美食诱惑是鼓励购买的积极作用力，而高昂价格是购买的消极作用力。勒温还认为，物品一旦通过关卡，作用力的极性就可能发生改变（从积极到消极，或者相反）。在关卡一侧的消极作用力，在另一侧可能是积极作用力。作用力的极性转换可能促进食物通过后续的关卡。此外，勒温还假设作用力的强度有所不同，作用力越强，越有可能将物品推过关卡。

可以看到，*作用力*的概念是勒温理论的核心：作用力贯穿于整个渠道，强度范围从正到负，且极性可变，此外，物品不同，作用力强度也不同。

举例来说，因为肉类价格比较高，所以价格就是个制约因素，所以是否买一块很贵的肉是个困难的决定——*这块肉很贵，买还是不买？*然而，一旦买到，价格这个消极作用力就会反过来确保肉类能够顺利通过剩下的关卡到达餐桌——*肉非常贵，我必须特别小心地运送、储存、烹饪，然后精心备餐*。因为过关前后的作用力强度和极性不同，所以每道关卡前后的作用力对于物品是否走完渠道全程都很重要。

在图 1.1 中，箭头显示作用力如何促进或限制食物通过渠道或关卡。作用力用斜体表示。例如，$fP\ EF1$ 表示在购买过程中食物的诱惑作用，这个作用力有助于食物通过下一个关卡进入运送环节。在购买环节还存在其他作用力，例如代表食品价格的作用力 $fP\ EF2$。如图 1.1 所示，高价格产生了相等强度的反对花钱的 fP, S_pM，即抵消购买的作用力，从而阻止食品进入下一环节。能够进入"回家"环节的食物得到反浪费的 $fP\ WM$ 作用力支持，有助于确保食物妥帖地进入冰箱或厨房。

勒温相信，这一理论框架具有普遍适用性[①]，"不仅适用于食品渠道，也适用于某一群体借助某些沟通渠道来传播新闻，适用于货物流通，以及许多机构中个体的社会流动"（Lewin，1951，p. 187）。这个把关模型对研究信息流动很有启发。

虽然渠道、环节和关卡这些词语像是在讨论物理结构，但很明显，我们讨论的并不是一个个实体，而是一个处理过程，它描述了一个物品从被发现到投入使用的一步步的历程。环节要对渠道中的物品做出回应，例如修改稿件或剪辑音像带。关卡是决策或行动的时点。把关

[①] 据说，勒温和威尔伯·施拉姆（Wilbur Schramm）在艾奥瓦大学时是邻居，共享一个后院围栏，他们经常一起除草，同时讨论理论问题。也许是这些对话启发了勒温，即可以将把关应用于传播研究。——原注

人根据自己的偏好或作为一套既定政策的执行者,确定哪些物品可以进入渠道,通过一道道环节,以及是否需要对之进行修改。

大卫·曼宁·怀特和"关先生"

第一个把勒温的渠道和把关人理论用于传播研究的是大卫·曼宁·怀特,他当时在艾奥瓦大学师从勒温,并担任他的研究助理。怀特说服一位小城报纸的电讯编辑——怀特称他为"关先生"——保留1949年2月某一周来自美联社、合众社和国际新闻社的所有电讯,并给每一条拒绝采用的电讯写出理由。大约90%的电讯都没有采用。用这些材料,怀特比较了那一周中采用和未采用的电讯稿。

根据怀特的研究,选择是"非常主观"的(White,1950,p.386)。在被拒的电讯稿中,大约三分之一是根据"关先生"自己的价值标准,特别是他自己对真假新闻的判断而被拒;其他三分之二被拒是因为版面不够,或者已经报道过了。

图1.2是怀特的把关人模型图示(McQuail & Windahl,1981,pp.100-101)。讯息源(N)向媒体把关人发送讯息,后者拒绝其中一些(例如 N_1 和 N_4),采纳另外一些(N_2^1 和 N_3^1,上标表示讯息通过关卡时已被修改)并发往读者(M)。我们可以将图1.2解析为一个或一组把关人的协同行动。该模型的局限性在于它没有认识到,当存在多个把关人时,每位把关人在收集、整理和发送新闻时,可能角色或职司不同。

1966年,保罗·斯奈德(Paul Snider)重复了怀特关于"关先生"的研究,结果没有什么不同。虽然"关先生"老了17岁,而且这次斯奈德只选了一家电讯服务商,但"关先生"选择新闻的标准依然是他自己喜欢的,以及他认为读者想要的。1966年的选择少了些人性故事,增加了国际战争报道,可以说显示出对硬新闻的更大兴趣,或者说,

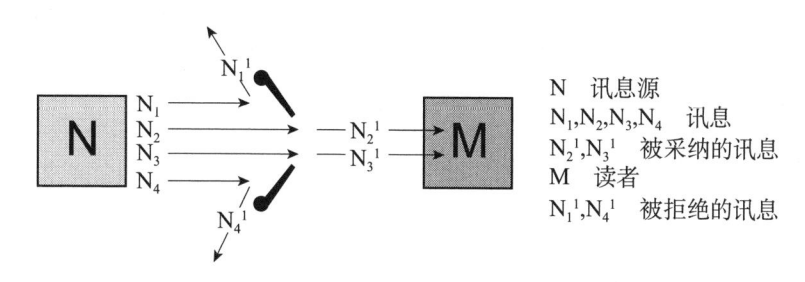

图 1.2 大卫·曼宁·怀特的把关模型

资料来源：麦克奎尔和温达尔（McQuall & Windahl, 1981, pp. 100-101）。

反映出对越南战争报道的巨大需求。"关先生"将新闻定义为"各种各样的事件和人物报道，在日复一日的家常便饭中尽可能变换花样"（Snider，1967，p. 426）。

其他把关模型

受怀特的启发，许多学者开始使用把关隐喻，甚或采纳他的完整的理论模型。1965 年，韦布（Webb）和萨兰西克（Salancik）指出，大家纷纷采用把关隐喻，这是"新闻研究向更严谨的数据方法转变的明显例证之一"（Webb & Salancik，1965，p. 595）。吉伯（Gieber，1956）的研究是众多研究中的一项。他对 16 份报纸电讯编辑的选择进行了考察。他的结论与怀特的结论截然不同。怀特认为，把关人的个人价值观是选择新闻的重要决定因素，吉伯则认为编辑身着"制作精良的紧身衣"（Gieber，1956，p. 432），专用于防止个人价值观变成选择报道的重要标准。吉伯指出，就把关而言，个人的主观判断不如结构因素重要，这些因素包括"可用新闻的数量、新闻的长短，以及时间和制作的压力"（Gieber，1964，p. 175）。他说（Gieber，1956），电讯编辑本质上是被动的，选择过程是机械的。他总结道，机构及其常规的作用远比个别编辑重要。

一年之后，韦斯特利和麦克莱恩（Westley & MacLean，1957）提出了一个后来影响很大的大众传播模型。他们将把关视为一种机构行为，结合纽科姆（Newcomb，1953）的人际传播心理模型，将之命名为*协同定向*（coorientation）模型。对于纽科姆来说，传播行为就是传送关于客体的信息，最简单的模型就是 A 将有关客体 X 的信息发送给 B。韦斯特利曾经师从纽科姆，他认为这个 ABX 模型略加修改就可用来研究大众传播。

韦斯特利和麦克莱恩在原有模型中添加了 C，用于指代大众媒体（机构把关人）。在他们的扩展模型中，X 表示一个讯息，f 表示反馈，(Westley & MacLean, 1957, p.35)。图 1.3 中的箭头显示了从一个行动者到另一个行动者之间的信息流（讯息或者反馈）。信息流可以通过 C 在 A 和 B 之间流动，也可以完全跳过大众媒体。该模型还表明，大众媒体拒绝了一些信息，修改了另一些信息。在韦斯特利（Westley，1953）看来，把关就是新闻的取舍。

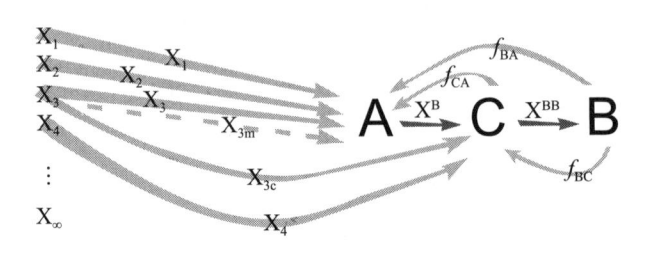

图 1.3　扩展的纽科姆模型

注：信息（X）有三种到达受众的方式：从信息发送者（A）通过媒体（C）到达受众（B），从发送者（A）直接到达受众（B），受众（B）亲历获得信息（X）。反馈（f）可以从受众（B）发送到信息发送者（A）和媒体（C），也可以经过媒体（C）发送到信息发送者（A）。

资料来源：韦斯特利和麦克莱恩（Westley & MacLean, 1957, p.35）。

在怀特的模型中，不是每一条信息都能被成功地通过媒体发送给受众。受众 B 收到 C 获取并发送的讯息后，可能向 C 和 A 提供关于讯息的反馈。在扩展的纽科姆模型中，韦斯特利和麦克莱恩则指出，在任何给定的时间点都有多个 A、B 和 C 处于沟通状态。怀特的研究只关注了一个人的决策，吉伯的研究和韦斯特里、麦克莱恩的模型则将媒体机构视为一个整体，媒体工作人员可能根据一套规则集体把关。

吉伯（Gieber，1956）对 16 位电讯编辑的研究也表明了这一点。在该研究中，吉伯强调，个人的属性或态度并不重要，个人必须遵守机构的规则。在韦斯特利和麦克莱恩的模型中，机构的作用显而易见。

在这些后来的研究中，传播工作者个人变得不再重要：个人是被动的，没有可辨识的重要特征，是媒体机器中可更换的齿轮。尽管如此，怀特还是将把关过程看作一个由人而不是机构操作的过程。他认为个体的决策既受到个人特征和价值观的影响，也受到机构的约束（如截稿时间）。

此后的研究又捡起了个体作为把关人的观点。麦克内利（McNelly，1959）建立了一个模型，展示了国际新闻如何从新闻源通过多个个体把关人到达受众。图 1.4 显示了事件 E 被写成报道 S 的过程。报道从把关人 C 传递给另一个把关人，在最终到达接收者 R 之前，每个把关人都可以对报道 S 进行删减、重组或与其他报道合并。驻外记者、编辑、通讯社编辑、文字编辑、广播或电视新闻编辑，重重把关。一个发生在其他国家的事件，要"越过一系列障碍，包括记者错误或偏见、编辑选择和加工、翻译、传送困难，以及可能的外来压力或审查制度，才能抵达受众"（McNelly，1959，p.23）。麦克内利模型的另一个创新是揭示了后续的信息如何通过关卡（如图 1.4 中的项目 S_2），以替换现有新闻或与之合并。弯曲的箭头代表反馈信息，麦克内利认为反馈并不常见。

巴斯（Bass，1969）也认同个人是重要的把关人，但在他的研究中，个人在机构内的职务才是重要的——而不是人本身。个人只是代表机构处理讯息。巴斯的论据是，所有的新闻把关人做的事都差不多。他制作了另一个模型（见图 1.5）以说明把关人的两个主要功能，这是个两段式内部新闻流模型（Bass，1969，p.72）。根据巴斯的模型，新闻采集者将来自各种渠道的信息转化为新闻稿。在报纸行业，这些人的身份是撰稿人、分社社长、记者或在地新闻编辑。第二类把关人可称为新闻加工者——这些人修改并集成新闻稿，制作成可以传送给观

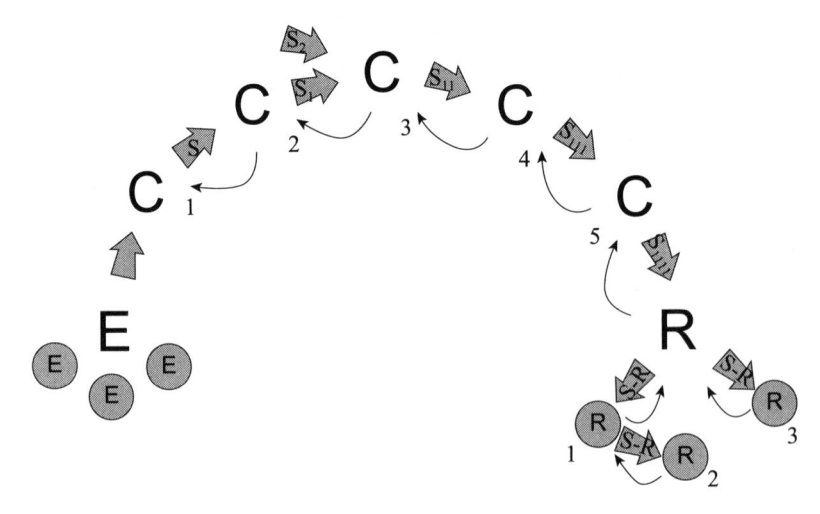

图 1.4 麦克内利模型

注：这个国际新闻信息流的模型表明，一条新闻必须经过多个个体把关人才能从新闻源到达受众。后续的通过关卡的新闻或者被并入原有新闻，或者替代原有新闻。

资料来源：麦克内利（McNelly，1959，p.23）。

众的成品。新闻加工者包括编辑、校对和翻译。巴斯把怀特对个别新闻把关人的研究扩展为对两类多个体把关人的研究。

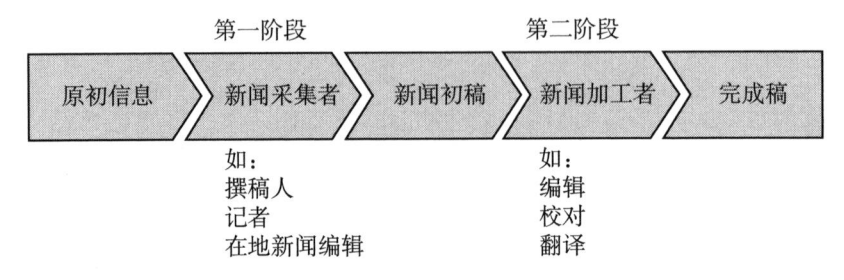

第一阶段		第二阶段	
原初信息 → 新闻采集者 →	新闻初稿 → 新闻加工者 →	完成稿
如：撰稿人、记者、在地新闻编辑		如：编辑、校对、翻译	

图 1.5 巴斯模型

注：在把关过程中，有两类人最为重要——新闻采集者和新闻加工者。
资料来源：巴斯（Bass，1969，p.72）。

一年后，哈洛伦（Halloran）、埃利奥特（Elliott）和默多克（Murdock）卷入了这场争论。他们写道，把关的过程并不始于办公室（新闻加工者），而是始于"街头记者"（新闻采集者），而各报的编辑部员工们扮演着不同的把关角色（Halloran，Elliott，& Murdock，1970，p.131）。奇布诺尔（Chibnall，1977）不喜欢新闻采集者和新闻加工者这些名称，因为它们意味着新闻可以独立于媒体而存在。他说："记者采集新闻并不是从地上捡拾苹果。他从收集到的大量原始材料中选择信息碎片，按标准新闻格式组织起来，从而创造出新闻报道。"（Chibnall，1977，p.6）新闻是用各种原始资料构建出来的，新闻中最重要的信息来自信息源，记者很少写自己的亲身经历。奇布诺尔的观点是，记者和信息源的关系才是最重要的把关场所。当讯息到达编辑部时，最重要的把关决策已经完成了："事件已经发生，有人亲历了事件，他们的经历已经根据读者需要被组织成文，故事变成了新闻稿，然后或被冷藏，或被修改为完美的新闻报道。选择和加工就是这样一步一步完成的。"（Chibnall，1977，p.7）

在某些情况下，记者获得的并不是原始材料。甘迪（Gandy，1982）指出，公关行业的一个作用就是为媒体提供有吸引力且方便使用的"信息津贴"。在这种情况下，大量的信息搜集和加工工作在记者/把关人介入之前就完成了。这大大增加了该讯息通过媒体关卡的可能性。现在，新闻把关人这个头衔已经不限于新闻采集者、信息源和新闻加工者，公关从业者和其他试图影响媒体内容的利益集团代表也加入进来了。

把关与其他传播学研究

大众传播学者特别是研究新闻选择的学者，对把关概念有广泛的认知。把关理论常被用于研究娱乐内容编排（Cantor，1980），但很少被用于研究人际沟通。赫希（Hirsch）在他的研究中总结道：

> 新闻编辑的选择标准会为个人偏见和政治压力所支配，这意味着它对公共政策影响重大，同时也表明，在一个民主社会中，新闻业的作用和体制功能远大于它作为一个行业所起的作用。（Hirsch，1977，p.21）

不过，还是有人把把关隐喻应用于人际沟通研究。例如，在贝尔斯、斯特罗特贝克、米尔斯和罗斯伯勒（Bales, Strodtbeck, Mills, & Roseborough, 1951）的小团体内部交流研究中，他们使用了"沟通渠道"一词来表现群体内任意两名成员之间或任一成员与群体整体之间的互动。但是，他们的兴趣并不在于传播内容的选择，而在于信息在沟通渠道中的扩散方式所显示出的群体成员的相对权力关系。

希基（Hickey, 1966, 1968）在对机构内正规传播渠道与权力的研究中，发现了三类信息控制方式：讯息传递管理，控制机构内的讯息传递；渠道管理，控制信息通过的渠道或网络；内容管理。第三类不仅要执行前述两项任务，还要决定内容。内容管理是三类控制方式中权力最大的。希基在他的网络研究（Hickey, 1966）中，设计了一个五人小组去解决一个问题。其中一人处于网络中心位置，扮演着为周边四个人把关的角色。希基的研究表明，位于中心地位——被视为控制信息的人，也就是把关人——被认为地位最高，权力最大。希基据此批评勒温（Lewin, 1947a）和怀特（White, 1950）把关卡位置视为制高点，从此位置审视把关，纠结于关卡的开放或关闭。其实更有解释力的可能应是场域中其他人对把关人的看法，以及把关人自己对工作状况的反应。

另一个采用了把关概念的人际关系研究与认知启发技术理论有关（例如，Kahneman, Slovic, & Tversky, 1982; Nisbett & Ross, 1980）。*代表式启发*——指一个人根据某物与另一物的相似度将其自动分配到同一个类别——可以应用于把关人取舍讯息时的评估研究。塔奇曼（Tuchman, 1974）的研究就表明，记者将事件分为诸如硬讯息、软讯息等几个类别，以便管理，否则每天涌入海量信息，几乎是无从入手的。如果一个报道被认为是硬新闻，就会得到与软新闻截然不同的处理。我们将在第三章更详细地讨论认知启发技术的话题。

在组织传播文献中，把关隐喻曾被用来与*边界角色人*进行比较（例如，J. S. Adams, 1980）。边界角色人与机构内其他人，以及外部人员进行互动，控制进出机构的信息。第五章关于机构层面的分析将会讨论这类把关。

另外，把关理论也被用于信息扩散研究：把关人既可以促进信息的扩散，也可以限制它，因为把关人有权决定哪些信息可以通过关卡，哪些不行，因此他们是信息扩散过程中的重要行动者。查菲（Chaffee，1975）指出，无论是限制还是促进信息扩散的因素都非常值得研究，因为这些因素都会影响扩散模式偏离标准的S形（累积正态）曲线，S形是很常见的扩散曲线。如果把关人限制信息流，那么信息可能不会在整个社会系统中充分扩散；而如果把关人促进信息流动，则可能会加快信息扩散的速度。由于存在着人际和媒体两条扩散渠道，任何受众都可能同时也在为其他人把关。不过并不是所有个体把关人都有同等权力。那些在大众传播媒体任职的人控制着对数以百万计的人的信息传播，这相当于被赋予了巨大的政治和社会权力。

第二章　把关程序

把关理论的基本假设是，一条信息要变成新闻，需要通过一系列关卡，并在过关过程中不断被改变。一些信息最终出现在报纸的头版，一些出现在电视新闻或网页上，还有一些则永远不会出现在媒体上；有些事件会出现在这些媒体，而不是那些媒体；或者信息可能在此一媒体处于最显著的位置上，但在彼一媒体则被淹没于其他新闻中。就像本书序言中所指出的，在欧洲，唐宁街备忘录是很多报道的出发点，但美国主流媒体报道得相对较少。在本章中，我们将探讨信息如何进入渠道、这类信息的特征，以及各个关卡门前背后的各种作用力。

渠道入口

当新闻工作者将有关事件的信息组织起来，写成讯息时，把关就开始了。这是新闻事件要通过的第一道关卡①。大量的资料或讯息来自何方？一些是主动送上门的（公共关系），另一些则是哭着喊着被拽进门的（调查性报道）。信息通过各种不同的渠道来到新闻机构，西加尔（Sigal，1973）把它们命名为常规渠道、非官方渠道和开拓性渠道：*常规渠道*中流通的是公共数据和那些人为安排的事件的信息，例如专为吸引媒体的演讲或事件。公关企业都设有媒体关系部门处理此类信息。*非官方渠道*包括情况介绍会、私下谈话、其他记者和其他大众媒体。*开拓性*渠道是指记者在与人交谈或对问题的批判性思考中发现的非人为制造的事件。

常规和非官方渠道将信息从外部传送到新闻机构，边界角色人（Adams，1980）此时做出第一个信息取舍的决策。许多信息源——如政府官员或公关从业人员——自己制造讯息，努力确保讯息能够进入媒体渠道，并最终通过所有关卡。他们有针对性地制造吸引记者的讯息，这些讯息中带有能够打通第一道关卡的强大作用力，这也有助于讯息通过后续的关卡。然而，通常情况下，一条讯息总是包括正反两方面的作用力。记者有时看不上公关稿，这就是反向作用力。反向作用力削弱了讯息面世的可能性。相比之下，在较小的社区媒体上，记者可以利用公关稿提供的讯息作为其社论（非广告）内容的基础，这时，公关稿就获得了正向的作用力。公关稿有时激发了记者的灵感，其中的讯息很可能被用于记者的稿件中，在这种情况下，公关稿不仅引起了记者注意，而且其中的讯息得到采用，那么新闻稿也算是得到了正向的作用力。

通过开拓性渠道的信息一般是新闻工作者自己发现并挖掘出来的（例如，记者发起访谈），或者是当非人为安排的事件（例如火灾）发生时，新闻工作者恰巧在现场。在前一种情况中，可能有信息源提醒记者会有事情发生，或者记者亲历事件。记者如果认为事件所具有的

---

① 大多数新闻开始于一个事件，也有从人物或议题开始的。——原注

新闻价值足以通过第一道关卡，就会撰写或指导他人撰写一条讯息，开启信息在媒体机构的旅程。有时候，当事件发生时，记者就在现场，他们自己会直接把讯息送过第一道关卡。2001年9月11日的事件最为典型，当时许多全国性媒体记者从窗户就可以看到世界贸易中心的塔楼燃烧、倒塌，或者看到五角大楼爆出火球。还有一些创新性报道是由调查记者发现并揭示出来的，他们用严密的逻辑将各种不相关的想法和事件联系起来，诱导不情愿的信息源，揭出那些可能隐藏得很深的故事（Ettema，1988）。经典的例子是伍德沃德（Woodward）和伯恩斯坦（Bernstein）的水门丑闻调查（1974）。这项调查导致了美国总统尼克松的辞职。

西加尔关于《纽约时报》和《华盛顿邮报》的研究显示，大多数信息来自常规渠道，其中约有一半来自美国政府。这表明官方，特别是来自政府的讯息在第一道关卡前的队列中明显占有优势。伯科威茨（Berkowitz，1987）的全国和地方电视新闻播报研究也有相似的发现。

讯息能否传入媒体渠道受到人类感官限度的制约。一些事件对我们大多数人来说是不可见的，例如亚原子粒子的运动；还有一些事件可能在没有人类目击者的情况下发生，例如人们常说的在无人森林中树木的倒下。有时即使有目击者，人们对所看到现象的解释也常常大相径庭。另外，对同一个事件，一个人可能认为不足为道或者司空见惯，另一个人可能认为具有重要的新闻价值。当然只有后一种意见才能使事件得到媒体把关人的关注。

我们还了解到，当下的把关决策会受到前面的把关人，以及前面的传递信息的人的影响。例如，怀特尼和贝克尔（Whitney & Becker，1982）的研究显示，报纸编辑采用各通讯社稿件的比例跟各通讯社的供稿比例差不多。赫希（Hirsch，1977）、麦科姆斯和肖（McCombs & Shaw，1976）对怀特（White，1950）的研究做了进一步的诠释。他们认为，在选用通讯社稿件时，"关先生"不是采用自己的标准，而是在很大程度上受到通讯社标准的影响。如果一个编辑在决定每一类主题的发布数量时，跟着别人的指挥棒走，那么他就只能在类别内选择新闻，没法在类别之间做选择。我们将在第五章从机构层面讨论这个问题。

贾德（Judd）在一项关于报纸的研究中试图找出普遍适用的规律。他发现有些关卡可能门槛"低"或者说"容易"通过（Judd，1961，p.40）。他举例说，当其他条件相等时，某些事件在社区报纸曝光的机会可能大于大城市报纸。小镇报纸可以选择的能成为新闻的事件有限，所以关卡的门槛低。另外，在某些时间段，关卡的门槛会降低，例如，大多数政府和商业机构周末不上班，这段时间某些平时过不了关的新闻，就有机会通过。关卡也有大小之分（Shoemaker & Cohen，2006）：传统的报纸和网站报道了很多电视和广播报不出来的新闻。报纸意味着一扇宽大的门，可以传播比大多数电视和广播节目多得多的新闻。互联网新闻网站虽然不是无穷大，但是信息容量确实巨大。《纽约时报》网站的档案可以追溯到19世纪80年代。

新闻的特征

*新闻*是指大众媒体实际发布和传播了的内容，传统的把关进程到此结束。在把关过程刚开始的时候，我们面对的是一些*事件*。很明显，某些事件比其他事件更有可能通过第一道关卡。世界上每天发生着不计其数的事件，只有非常少的事件能得到媒体的报道。那些被忽略的事件和被报道的新闻有什么区别呢？

被忽略的事件对于整个社会来说可能是微不足道的，并被所有人判断为不值得报道，例如你孩子的成绩单或你最近的就诊情况。这样的事件不能成为新闻，因为它们太正常了，如果没什么意外，世界就是这样运行的。当世界按法律规定的方式，或者大家公认的规范运行时，所发生的事件就不可能成为新闻。但如果你因为孩子数学不及格

25 而杀了他,这就是新闻了。如果你是美国总统,你的年度体检结果就变成了新闻。

有新闻价值的讯息,其主要特征是事件、人物或议题偏离了正常轨道。法律和规范界定了文明世界的边界。边界内是有序运行的文明社会,出了边界就是越轨,那里是充满了违规和犯禁事件的世界,有些可能小小不言,有些则是十恶不赦。在边界之外发生的事件更有可能成为新闻(Shoemaker, Chang, & Brendlinger, 1987; Shoemaker & Cohen, 2006)。媒体不会报道政府官员正常高效且遵纪守法的工作,而可疑或低效的行为可能会引起公众的广泛讨论和大量的新闻报道。似乎全世界都是如此(Shoemaker & Cohen, 2006)。

新闻报道的另一个显著特征是报道名流和要人。在大多数人眼中,名人的生活是越轨的,因此把关人对他们也很有兴趣。你邻居癌症手术的信息可能对你来说很重要,但是对新闻把关人来说无足轻重。然而,一些要人,哪怕是他们的日常生活也可能越过高高的新闻门槛,引发数量惊人的报道。过去几十年来,难以计数的炫耀名流生活的新闻和八卦专栏进入了新闻节目。娱乐和新闻报道之间的界线已经变得如此模糊,在一些媒体中几乎不复存在。

有些事件即便为记者所亲历,也不一定能通过第一个关卡。如果记者认为,规划委员会会议上没有发生什么重要的事,可能就不会写,新闻报道中当然就不会出现该会议。记者像普通人一样对事件的新闻价值做出判断。什么样的事件人们认为最具有新闻价值?关于新闻属性,有很多列表,一般来说,它们包括下面全部或部分:及时性;接近性;重要性,影响深远或后果严重;有趣;冲突或争议;耸人听闻;名声显赫;以及新奇、古怪或异常(Eberhard, 1982; Evensen, 1997; Hough, 1995; Itule & Anderson, 2007)。其中一些涉及脱轨事件,另一些则关涉社会意义。社会意义可分为四类:政治、经济、文化和公共福祉(Shoemaker & Cohen, 2006)。由于存在这些因素,某些受到高度关注的电视新闻不一定比那些不那么受关注的新闻更具新闻价值。

新闻价值是一种认知结构，它只能部分地预测哪些事件会得到新闻媒体的报道，以及这些事件如何被报道（Shoemaker，2006）。重要的是要认识到事件本身并不具有新闻价值，新闻价值是人为赋予一个事件的。例如暗杀政治领导人，在多种意义上与人们的社会环境紧密相关。这样的事件具有政治和经济，以及统计、规范、社会变迁和脱序等多方面的意义（Shoemaker & Cohen，2006）。因此这一事件对任何人都有新闻价值，无论你是干什么的——银行家、面包师还是记者。认知形成后，银行家和面包师只是与其他人谈论这个事件，而记者有责任发布关于事件的信息。他们要撰写相关讯息，向本地或世界各地的人们发布。记者代表我们审视这个世界，生产搭载着信息的文字和图像新闻，制造出社会图景。

一天的新闻不可能都是由最具新闻价值的事件构成的。在我们的层级分析中，新闻价值只是*新闻常规*这一层中的变量之一（Shoemaker & Reese，1996）。一条讯息最终能否变成发送出去的新闻取决于从宏观到微观的众多因素，我们将在接下来的五章中讨论这些因素。目前我们只知道，人们（包括把关人）总是在评估各种事件中的信息，判断它们的新闻价值。

新闻价值不是把关人对事件做出的唯一判断。尼斯比特和罗斯（Nisbett & Ross，1980）对讯息吸引力做了一项认知研究。他们断言，人们更有可能接受和记住有特色的而不是乏味的信息，这意味着特点鲜明的事件和议题更有可能被把关人看中。生动的信息激发想象力，令人激动，而乏味的信息枯燥无趣。生动的信息有几个特征，"（1）煽情，（2）具体、激发形象联想，以及（3）引起感官、时间或空间的接近感"（Nisbett & Ross，1980，p.45）。例如，流离失所的家庭为了给4岁的孩子过圣诞节而付出的努力，应该比枯燥的关于假期中无家可归人口的统计数据更容易被选中，从而进入传播渠道（通过一道道的关卡）。一名一直想要一个和自己一样长着长长黑发的娃娃的小女孩，这个信息激发出清晰的形象联想，它被选中的机会也就更大。如果这个女孩和她的家庭困境被当地公园的信息源看到，就更有可能成为一个新闻。

另外，我们对认识的人比对陌生人更感兴趣，对那些我们投入了强烈情感的人比对那些我们无所谓的人更感兴趣。一个特定的人，有关他行为或处境的细节越具体，越能激发想象，也就越能建构起形象的认知。一手资料肯定比二手资料更生动。轶事和案例比数据摘要更有可能入选为新闻（Nisbett & Ross, 1980）。这就解释了为什么记者在很多新闻中使用轶事，以及为什么读者更愿意向其他人转述此类新闻（Shoemaker, Seo, & Johnson, 2008）。

鲜活的信息更容易被记住，因为具体的形象和我们想象的能力共同促进了认知和记忆。可能是出于这个原因，无论是在印刷媒体还是在视频中，图片——既能提供具体形象又有助于人们从记忆中调取形象——都比口头表达更容易被记住。生动的信息还可能引发记忆图式，这就是图片信息更容易进入渠道的原因（Nisbett & Ross, 1980）。

高质量和高吸引力的讯息拥有正向的作用力，更有可能通过关卡，但是如果和之前已通过关卡的讯息相差无几，就不再拥有动力，甚至生出阻力，很可能导致被阻止在关卡之外。真实性可疑的讯息一般不太可能通过关卡——至少刚收到的时候不可能；如果之后得到再评估（Hewes & Graham, 1989），就可能会被重新解读。此外，与把关人价值观相抵触的讯息被认为会导致认知压力（Festinger, 1957），因而会减慢决策过程或导致类别误判，比如错判硬新闻或软新闻（Greenberg & Tannenbaum, 1962）。

叙事学提供了另一种方法来判断事件是否可以演变为新闻。怀特（White, 1950）和其他一些学者有时会混用*讯息*、*信息*与*新闻报道*。故事是信息呈现的一种形式。故事是有开头、过程和结尾的闭合结构。不过，卡尔（Carr）说，新闻不一定非得是叙事结构不可（Carr, 1986, p.49）。对有些事件可以采用"离去和归来""问题和解决方案"

这样的讲故事的方式，但这种方式不一定适合所有的新闻报道。体验感受就不适合用新闻故事这种叙事结构描述。

甘斯认为，叙事结构在新闻的选择和构建中是很重要的，"不符合报道格式的新闻，例如没有提出观点或者没有给出结局的报道可能会半路夭折"（Gans，1979a，p.162）。如果把关人喜欢以故事形式讲述的事件，接受其中的观点，报道就能过关。有故事的讯息更有可能通过关卡。爱泼斯坦（Epstein）曾引用一位电视网新闻主管指导记者如何构建新闻的备忘录所说的话："每一则报道都应该有结构和冲突、问题和收场、高潮和低谷，有开头，有过程，有结尾。"（Epstein，1973，p.153）贝内特（Bennett）总结说，只有充满戏剧性的事件才能成为新闻，在新闻报道中表现出的就是"典型的戏剧性生活，情节跌宕起伏，人物性格鲜明，且冲突最终解决"（Bennett，1988，p.24）。可以套入熟悉套路和主题的信息和讯息更有机会通过关卡。

关卡前后的作用力

如前所述，勒温（Lewin，1951）的核心观点之一就是关卡前后存在着多种"作用力"。在讯息通过关卡时，这些作用力的极性是可以改变的（从动力变为阻力，反之亦然）。如果一个事件发生在遥远的地方，新闻机构在那里没有派驻记者或安排特约记者，那么这个事件可能很难得到报道。这个远程位置就是信息进入第一道关卡的阻力。不过，如果高层们认为这次事件很重要，值得投入大量资源将人员和设备运送到偏远地区——换句话说，高层下决心报道有关事件——那么之前的阻力就会变为动力：成本变成价值。随着机构不断增加花在该报道上的钱，相关信息也就更有可能通过后续的关卡，并在那一天或那一周的新闻报道中得到突出的位置。

甘迪（Gandy，1982）的*信息津贴*概念显示了信息源如何给事件提供作用力。信息津贴指其他机构为大众媒体提供的信息，例如公关公司提供的符合媒体格式的讯息。如果讯息质量很高，并且很少或根本不需要机构投入更多的资源，那么对电视台就很有吸引力（动力），在这种情况下，可以预测该讯息很可能通过第一道关卡。然而，一旦讯息进入新闻机构，动力可能就变成了阻力：*讯息来自一家公关公司，可信吗？我们应该用它吗？*

作用力的问题还不像上述那么简单。至少有四个有关作用力的问题勒温（Lewin，1951）没有提到。第一，某些作用力在讯息通过初道关卡后，仍可以保持它的极性（保持动力）。例如，一个事件的新闻价值越大（动力），越有可能通过第一个关卡。一旦进入机构，新闻价值就会推动讯息通过后续关卡——至少在它成为"旧"闻之前。但是，我们的观点是，关卡前后作用力的方向不是固定的，没有什么规则决定作用力的极性，也没法保证它不会发生变化。

第二，各种作用力的强度可能是不一样的，而且作用力之间可能相互冲突。根据定义，强作用力应该比弱作用力更能推动讯息通过关卡，走通渠道。例如，鲜活（更感人或更生动）的讯息能比枯燥的讯息引发更强烈的情感，这可能是因为它们保留在记忆中的时间更长。一则讯息所能够获得的动力强度应与它的生动程度呈正相关：生动的讯息（例如对谋杀案的描述）应该比毫无生气的谋杀率统计具有更强的动力，有助于推动讯息通过关卡和渠道。为什么？因为生动的讯息能得到更多的关注，引发更多的兴趣，它们很可能因此反过来让把关人反思生动的重要性：*如果它不重要，为什么我会如此关注它*（Nisbett & Ross，1980）？

第三，各种作用力可以在关卡的两端互相作用。关卡后的作用力可能影响关卡前的选择。同一事件的报道在关卡前后的数量可能构成一种作用力，能够加强或削弱其他的作用力。例如，在选稿时，如果同一事件有三条相关讯息，而另一事件只有一条讯息，那么有三条讯息的事件会形成集合动力，增加作用力强度，提高其中一条通过关卡的概率。而如果关于某事件已经有三条讯息通过关卡，那么处于关卡前的关于同一事件的第四条讯息，其作用力强度可能被削弱。如果这些假设有据可循——怀特（White, 1950）的原创性研究确实支持了这一假设——那么很有可能并不只是未通过关卡的讯息对已经通过关卡的讯息能产生影响，反之亦然。这就提出了一个问题，在何种条件下，已经通过关卡的讯息会影响到关卡前的讯息能否过关。不过，到目前为止，还没有解决这一问题的理论设想。

第四，我们应该考虑不同的作用力及其极性如何影响整个把关过程，而不仅仅是讯息的选择。多纳休、蒂齐纳和奥利恩（Donohue, Tichenor, & Olien, 1972）将把关定义为讯息的制作、发布、时机选择、扣压或再现。他们将把关概念化为一个更宽泛的过程而不仅仅是讯息的选择，进而发展了勒温（Lewin, 1951）的理论，让我们可以更清楚地看到关卡周围的各种作用力，以及这些作用力如何影响了更宽泛意义上的把关。拥有正向作用力的讯息不仅更有可能被选中（通过关卡），而且更有可能以诱人的或吸引注意力的方式得到表现，得到更广泛和更及时的报道，以吸引更多的观众，甚至可能被反复报道。自带阻力的讯息不太可能被选中，许多这类讯息被故意扣压或删改。带阻力的讯息即使被报道，表现形式和时机可能也不是最佳的，并且不太可能得到反复的报道。可以看出，作用力的性质——它们的数量、强度和作用方向——有助于确定讯息进入传播机构后的命运。

第二部分
把关——层级分析

把关理论适合分析传播者以及他们所传播的讯息的方方面面。在接下来的五章中，我们将从五个理论层面分析大众传播的世界，讨论其中的一些问题。将大众传播的世界划分成一个层级结构，有助于我们研究传播现象并给予理论的解释。层级分析的前提是将这个世界视为一个从微观到宏观的连续统，然后从微观的单个人或单个对象（如一个博客），逐级向上分析至国家乃至世界各大洲的宏观世界。

如何将一个连续统分级，并没有什么硬性标准；学者根据自己建构理论的需要定义层级，没有一定之规。在本书中，我们采用五级分析：个体传播工作者（如他们的政治态度）、传播工作的常规或实践（如截稿期或倒金字塔格式）、媒体机构（考察媒体所有权模式等变量）、社会机制（包括政府、广告和利益集团的影响），以及社会系统（考察意识形态和文化等变量）（Shoemaker & Mayfield, 1987; Shoemaker & Reese, 1996）。

在第三章，我们将从个体开始分析。就人而言，这是指他们的人口统计特征、个人生活经历、价值观和态度，以及他们的工作经历。就社会对象而言，个体指的是具体传播单元，比如报道、博客文章、网页和电子邮件，既测量量化指标（比如在报纸上所占的版面、在电视广播中所占的时长、字数等），也讨论刊播新闻的媒体的声誉。

下一分析层级是传播常规。传播常规是所有媒介机构，而非某人或某机构的共同社会实践，也是大众传播场域的特有实践。新闻价值，如及时性、接近性、趣味性或新奇性，都是传播常规。我们可以测算侧重于不同新闻价值标准的网站的各自数量，研究什么样的作者使用什么样的新闻价值标准，或者具有不同新闻价值的新闻各占多少空间或时间。

媒体机构分析是对传播机构之间差异的研究。例如，机构是小型的（如一两个人）还是大型的（如全国性报纸）？除规模外，机构的决策结构、所有权和市场各不相同。虽然媒体机构本身是社会生活的重要参与者，但是分别研究各个机构，比如把媒体机构和提供广告的公司分开，可以帮助我们看清楚他们之间相互控制的关系。

　　社会机制分析关注媒体机构以外的各种势力：广告商及其受众，政府，社会团体。通过分析包括大众媒体在内的各种社会机制之间的相互关系，可以揭示被表面差异掩盖的合作网络。

　　在社会系统分析层面，我们把视野扩展到一个国家的政治或经济体制如何控制把关程序，以及文化意识形态的影响。

　　把研究对象划分为这些层级，可以帮助我们厘清复杂的把关流程。在每个分析层面，我们都面对数百个研究问题和假设，有数以千计的变量要处理，所有这些都与把关有某种程度的相关。我们不仅要对每个层级内的各种关系进行检视，以便分析把关的细节，还要讨论诸如媒体机构和其他公司之间勾连这类跨层级的关系。

第三章 传播者个体分析

由于第一个传播学把关研究聚焦于"关先生"（White，1950），人们很自然地认为个人是把关过程中最具影响力的要素。"关先生"遵循专业的价值评判，兼及雇主的好恶，不过他自己的偏好也常常在决策中发挥作用。例如，他不喜欢天主教教皇，也不喜欢有太多数字和统计数据的报道。个人对把关决策的影响是显而易见的。我们将一些信息传递给周围的人们，传递的时候会做出有意或无意的修改。当我们为学术期刊撰写文章时，我们会做出数百个决定：引用哪些参考文献，给予它们多大的空间，以及如何把文献中的观点和我们的想法融会贯通。博主们也要决定他们写作的内容和方式。在这个意义上，我们都是把关人。

在这一章中，我们将考虑个人的特性、知识、态度和行为如何影响把关程序。我们将从把关人评估和解释讯息的思维模式入手，然后转向决策理论，最终讨论把关人的个性、背景、价值观和职业角色观等。

思维模式

思考是决策的基础。把关人在决定一条新闻能否通过关卡之前，必须先考虑该条新闻本身的特征及其生成的环境。斯诺德格拉斯、利维-伯杰和海登（Snodgrass, Levy-Berger, & Hayden, 1985）曾归纳了三种决策思维方式：联想、格式塔和信息加工。

联想法是三种方法中最古老的一种，是行为心理学刺激-反应学派的起源。根据联想理论，思维被概念化为一个线性过程，一个想法会诱发记忆中或想象中的其他想法，或与其他想法建立联结。环境的刺激引发相应的心理反应。联想法的关注点是"各种事件或想法如何在头脑中相互勾连"（Sternberg, 1999, p.69），以及联想如何影响学习。许多心理学研究讨论了这个概念及其有效性（Carlston & Skowronski, 2005; Carlston & Smith, 1996; S. Koch & Leary, 1992; L. L. Martin & Davies, 1998; Palmer & Donahue, 1992）。

根据联想理论，我们可以将把关理解为在一条讯息与其他类似讯息之间建立一系列联结的过程。当遇到新信息时，把关人会试图将其与已经存在于记忆中的信息建立联结。联结成立，新事件通过关卡的可能性就会提高。不过联结的结果也可能是负面的，例如同类报道或事件的发生频率：*我们已经有很多关于此类事件的报道，所以这一条不能通过。*

与大多数刺激-反应模型一样，如果一个联结得到正向的强化，这个联结就会加强；如果受到负向的强化，联结就会减弱。新老事件之间的联结越强，新事件越有可能通过关卡。来自环境的刺激被人们下意识地按照惯例分了类，一旦联结建立，又得到了正面或负面的强化，那么所有被联结的刺激都被强化。之所以提出这个问题，是因为把关人总是要对新刺激进行分类（人人都是这样）。面对众多新事件，只要没发生信息过载,又不是前无古人的新事件,把关人就会使用分类方法来完成他们的工作。当把关人使用分类方法评估是否应该接受或拒绝新信息时,联结对决策有强大影响。联想理论多少有些僵硬,它的弱点是无法解释创新思维、非常规的直觉,或者对重大突发新闻的"预感"。

格式塔理论把思维过程视为整体,提出思想并不像联想理论所暗示的那样,是个体思维活动的简单加总。格式塔心理学反对分解心理过程,而是认为,只有当思维活动被视为"有序的结构化整体"(Sternberg,1999,p.74)时,才能真正理解它。格式塔心理学家还说,当看到一个正方形时,我们并不在乎它的四条边是如何结构的,重要的是"各边之间的关系"(Haber,1992,p.263)。格式塔方法强调,认识思维过程的整体结构比认识具体认知活动更为重要,并据此分离出两种思维结构类型:常规性(再造性)思维和创造性思维。常规性思维,即挖掘旧信息并使用它,创造性思维则包含想象力和开发信息的新用途。对格式塔心理学来说,分类及联结链条不重要,它观察的是连续的、对任务整体有深刻认识的思维过程。就好像一些把关人可能将他们的工作理解为给受众创造世界景观,而不是一系列采用或拒用新闻的决策。为了理解事件的全貌,而不是局部,要有发生背景作为决策的参考框架。例如,到目前为止,我对这场战争提供了什么样的整体图景?有哪些缺失?还有什么信息能帮助人们了解真实情况?

格式塔方法是勒温(Lewin,1933)的场论的基础。该方法强调了人与环境之间的动态联系。然而,勒温不赞成彻底的格式塔方法,他认为那样会忽略局部所具有的独立意义,使得局部只能在其与整体的关系中被解释。他更倾向于把个人决策也考虑在内。

信息加工法就是将解决问题的过程分解为一系列逻辑步骤,就其线性思维方式而言,和联想方式相近,只是没有诸刺激之间的关联或关系可能被强化或弱化的假设。信息加工法把思想过程划分为最小的必要的认知加工单位，就像人类思维的计算机模拟。这种对思想工作量的强调自然引出了*渠道容量*的概念，即人类短期记忆可加工的彼此无关的项目的数量。提高认知加工数量的途径之一是进行意义的分组。这就是塔奇曼（Tuchman，1974，1978）所说的，将事件分类是不得已的办法，因为非如此不可能从大量潜在讯息中选出少量可以通过所有关卡的讯息。然而，如果需要处理的信息量突然增加，信息加工法就会显示出它的弱点：加工质量必然下降。这表明在突发事件期间做出的把关决策可能不同于日常相对从容的决策。

二次评估

二次评估指的是人们根据他们对信息真实性的需求，评估和解读信息的方法（Hewes & Graham，1989）。用已有的知识重新解释所收到的讯息中的显性内容，以求纠正信息或者去除偏见，这就是二次评估。图 3.1 是休斯和格雷厄姆（Hewes & Graham，1989）制作的二次评估模型。二次评估一般包含四个步骤。第一步是获取内容，即从信息源获取信息。在这一阶段，对讯息的解读遵从它原初的意义。然而，由于与记忆中的信息相冲突，或者讯息的某些方面看似错误，把关人对该信息的真实性产生怀疑。如果把关人提不出什么质疑信息真实性的理由，那么信息就会被按原样接受，不会发生二次评估。如果把关人相当确定信息不可信，也就不需要再去确定信息的准确性，在这种情况下，讯息直接被拒，也不需要二次评估。

二次评估发生在把关人认为所接收的信息可能有错，而此一讯息又要求高度准确性时。在这种情况下，把关人可能采用被称为再判读的二次评估。由于把关人怀疑信息的真实性，他会增加一些额外的解释信息，使之比原初信息更为准确。对信息准确性的要求越高，把关人付出的额外努力就越大。

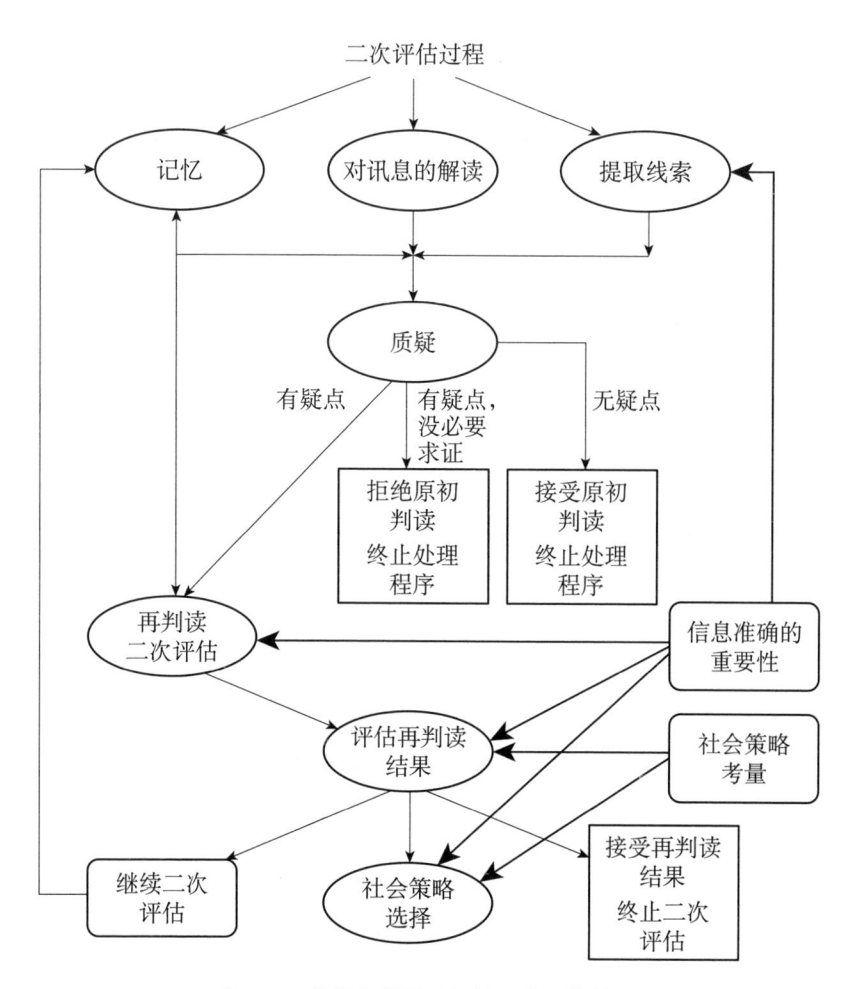

图 3.1　休斯和格雷厄姆的二次评估模型

注：椭圆代表认知过程，圆角矩形代表因果变量，方角矩形代表退出点。细箭头表示认知结果被带入下一个阶段，而宽箭头则表示变量和认知的因果关系。

资料来源：休斯和格雷厄姆（Hewes & Graham, 1989, p. 221）。

把关人会逐一评估各种可能的再判读结果，直到找到"最佳"解读。对原始信息的再加工过程会持续到把关人感到满意为止，这将导致认知过程延长。把关人满意了，二次评估过程才会终止。如果把关人没有找到满意的解读，二次评估还会继续。最终，把关进入第四阶段——社会策略选择。在这个阶段，把关人可能会寻求更多的信息来验证或否定一些不同的解读结果。

二次评估将把关人视为一个积极的信息处理器，这可以说是对把关理论的一个贡献，加深了我们对决策中认知作用的理解。它还增加了一个基层关卡，并且解释了信息在通过一道道关卡和环节时会发生怎样的质的改变。

决策

认知启发技术，有时被称为判断式启发技术，是人们在做决定时常用的经验法则。卡尼曼、斯洛维克和特韦尔斯基（Kahneman, Slovic, & Tversky, 1982）已经辨识出人们在解决问题和做决策时使用的几种判断式启发技术。这些技术通常被下意识地应用，多少和所谓的"常识"联系在一起。它们是根深蒂固的，可能已经成为大脑机制的一部分，也可能是长期文化适应的结果，或者两者兼而有之（Nisbett & Ross, 1980, p. 18）。

获得式启发和代表式启发（Nisbett & Ross, 1980）是其中的两种技术。当需要判断对象发生的频率或事件发生的可能性时，获得式启发发挥作用：如果对象或事件是认知可获得的（即，更容易从记忆中搜索到或更容易想象），就可能被判断为发生频率更高或发生可能性更大。代表式启发帮助人们确定事件的类别：一个事件的特征与某类别特征越接近，越有可能被归于该类别。

这些判断技术之所以重要，是因为它们会影响行为（Nisbett & Ross, 1980）。尽管尼斯比特和罗斯的研究与把关人无关，但我们认为，人类通常采用的认知技术也适用于把关。把关人对讯息的判断影响他们取舍信息的把关决策。获得式启发技术使得那些更具认知可获得性的讯息——就是那些更容易存在记忆中的讯息，更频繁地，也是潜移默化地影响到把关人的决策，把关人可能允许某些信息更多（这类信息永远是新闻）或更少（这个主题已经被报道得太多了）地通过关卡。代表式启发技术则帮助把关人以各种方式对信息进行分类，最基本的两个重要类别是：常用的信息和没用的信息。这种方法肯定了把关人的积极作用。他们不是被动地接收信息，看着它们在渠道中流动。相反，他们解读信息，澄清疑义，对无法直接观察到的部分做出有根据的猜测，并推导出其中的关系。

然而，正如尼斯比特和罗斯指出的那样，当信息量快速增长时，人们（不仅仅是把关人）就每条讯息做出选择的能力可能取决于他们掌握的关于世界的知识，而不是理性的决策。这些知识架构有时被称为框架、脚本、原型或模板。就把关而言，我们可能会问，新闻把关人是否使用"新闻模板"来评估讯息是符合新闻标准（并允许通关）还是不符合新闻标准。把关人的新闻模板可以解释为什么有些讯息被允许通过关卡，而另一些则被拒绝：一条讯息通过关卡，因为它符合某个新闻模板；反过来，一条讯息被拒绝，可能因为它与某个非新闻模板相吻合。关键是，把关人对独特或完全原创的讯息几乎不感兴趣；相反，讯息必须"与把关人的头脑中预存的结构"相契合（Nisbett & Ross, 1980, p. 36），才能成为新闻。

相较于判断式启发技术，决策理论意味着，规则是被自觉应用的。哈里森（Harrison）指出，决策是"所有类型的机构以及各级管理者最重要的行为"（Harrison, 1996, p. 46）。他提出了一个含六步骤的战略决策过程：（1）设定管理目标；（2）寻找替代目标；（3）比较和评估替代目标；（4）选择行动方案；（5）实施方案；（6）跟踪和控制。甘迪（Gandy, 1982）把决策理论用于新闻选择的研究。从个体的角度来看，把关过程本质上是一系列取与舍的二元决策，人们根据他们掌握的所有信息做出理性的选择（Gandy, 1982, p. 21）。

麦肯娜（McKenna）和马丁-史密斯（Martin-Smith）指出，经典行为学的决策模型都是线性的、决定论的过程，领导者被认定为能够使用"冷静理性"的方法做出决策的人，其中也包括伦理道德的决策（McKenna & Martin-Smith, 2005, p. 833）。不过，他们认为，决策并不是一个可以被清晰划分出阶段的过程,并没有所谓发现问题、寻找解决方案、评估、选择和实施这样明确的阶段性。他们声称,决策过程是非线性的,发生在无法预测、复杂且混乱的情况下。决策被他们重新定义为"受到复杂人际关系影响,在复杂且混乱的环境中的动态循环"(McKenna & Martin-Smith,2005,p. 832)。尽管在许多情况下决策者拥有唾手可得的资源,便于他们做出正确的决策,但在这个过程中,决策者的个性、动机和地位等因素都会构成制约因素。"在领导职位上,时间和注意力等个人资源是稀缺的,因此可以理解管理者会使用诸如简化之类的与生俱来的技术来提高决策能力。"(McKenna & Martin-Smith,2005,p. 833)

根据理性的线性决策理论,决策是一个识别问题、发现替代方案、评估方案,然后根据一套规则做出决定的过程(Wright & Barbour,1976)。实际上,决策很少是线性且理性的。只有那些想影响把关人和受众的人鼓吹这种所谓线性的理性决策过程。广告商就是这种人,他们希望人们能够理性行事,或者按照他们可以理解、可以预测的情感过程行事。

把关与消费决策过程相似,因为把关人既是讯息的消费者,也是生产者和传播者。他们"购买"某些讯息,拒绝另一些讯息;一些被"购入"的讯息稍后会被"售出"(也就是所谓的新闻服务)。一位编辑意识到当地社区存在环境问题。一旦注意到这个问题,他就会进行信息搜索,以确定是哪类环境问题,需要关注该问题的哪个方面——可能是绿化方面,也可能是经济或健康方面。在这个阶段,某些利益相关方可能会提供讯息以求影响编辑对该环境问题的重要性的判断。编辑会派记者去调查该问题的方方面面,同时使用通讯社提供的讯息,或跟进信息源(包括公共关系联系人)提供的线索。

寻找替代方案的第二决策阶段也可能受到来自外部的影响。信息源可能只提供有限的信息,或者为了强调某些信息而故意隐瞒其他信息。赖特和巴伯(Wright & Barbour,1976)指出,如果某一信息源控制了一个传播机构可获取的信息范围,就会影响到单个传播工作者的决策。增加讯息的吸引力,可以使之比其他讯息更容易过关,这个观点和勒温(Lewin,1947b)的研究结果是一致的:当一个讯息过关时,关卡上既有推动它过关的动力,也有阻止它过关的阻力。

接下来,把关人要检查可供选择的所有讯息。检查可能包括对讯息有用性的总体印象(Fishbein & Ajzen,1981)、满足特定标准的可能性,甚至评估标准本身。就前述那个环境案例而言,编辑可能收到了来自通讯社、记者和公关机构的相类讯息。如果编辑高度怀疑来自公关机构的讯息,那么该选项就会被关闭。在剩下的两个信息源中,编辑可能认为虽然通讯社的报道符合可接受的新闻价值标准(因为通讯社有长期的良好记录),但编辑更欣赏本地记者的创新性,那么通讯社的报道就会被拒绝。最具新闻价值的信息最有可能通过关卡。

最后,编辑必须选用一个决策规则来确定环境报道的侧重点。这条规则将决定,在已经收集到的信息中,哪些是最重要的。不同的规则可能适用于不同的决策。把关并不总是遵循这种清晰理性的决策过程。在怀特(White,1950)对"关先生"的研究中,"关先生"的决定常常是主观的,夹杂着把关人的个人偏好。"关先生"对新闻的评论经常显示出是头脑一热的决定,并没有上面所说的线性的逻辑思维过程。

关于把关,各机构都有一些或明或暗的规则,在常规或机构层次上我们还会对此有所分析。不过,执行规则的是人,因此把关理论还是要做个人层面的分析。人们执行规则的方式不尽相同,这时候个人特征就变成了重要因素。当规则非常明确且详尽时,人与人之间的执行差异就很小。如果是计算机基于算法做出的决策,那么可以完全消除执行差异,不会出现人为的错误(或者至少不是各种各样的错误,因为所有决策使用的都是同一个人工程序)。影响规则应用的变量包括:应用规则的意识或习惯、个人同时处理多任务和做多维度决策的能力、个人对以往类似决策的成功程度的了解,保证该决策在未来始终合规的确定性、对帮助形成决策的信息的信赖，以及对外部信息源可靠性的把握（Gandy，1982）。

随着博弈论的出现，关于决策者理性的理论得以回归。德·阿尔梅达和伯霍利斯（de Almeida & Bohoris，1995）基于博弈论研究了关于维修的决策。他们指出，决策理论在经济学、统计学、心理学和工程学上都取得了丰硕的成果。他们认为，决策研究所关注的是"确定能够为决策者提供最大利益的行动"（de Almeida & Bohoris，1995，p.39）。

赖特和巴伯（Wright & Barbour，1976）概括了几种决策策略。一种是他们称之为*直觉推荐*(affect-referral) 的策略。在这种策略下，把关人并不去比较每则信息的具体细节，而是依靠模糊的感觉做决定。把关人理当选择"最好"的讯息，但是也可能选择了一个看起来"挺好"或者"还不错"的讯息。伯科威茨（Berkowitz，1990b）发现，地方电视台的把关人常常依靠直觉选择新闻，而不是自觉应用新闻价值。有一种*补偿*模型认为，把关人会主观地设想出一些特别的加权项，从而形成一套评估信息的附加标准。这些标准中的某些项有时候会相互抵消。例如，电视新闻把关人可能会使用两个维度来决定哪个报道可以成为头条：新闻价值和视觉效果。虽然总体而言，新闻价值是最重要的标准，但头条新闻必须具有良好的视觉效果。在这个决策规则下，一个新闻价值高但视觉效果差的报道只能得到中等的分数，不太可能被选为头条。

另一种策略是分层序列策略。首先确定一个或多个决策标准，先用最重要的标准对所有备选新闻进行配对比较，如果未能得到明确结果，那么就用次要标准进行配对比较。根据这个规则，电视把关人先比较报道 A 与报道 B 的视觉效果，再比较报道 B 和报道 C，依次类推。把关人的*综合模板*中对每项标准都设置有最小（或最大）期望值，据此评估一则信息在每个维度上是否落入可接受值域。电视把关人头脑中有一个最低新闻价值标准，达不到最低标准的报道毫无疑问会遭到拒绝。某些标准的值域范围可能是固定的（犹如一则信息的定价），但另一些标准就没那么严格，在讯息不够的时候，这些标准可能就会放宽。在没有重要新闻的日子，有些平日不会过关的电视新闻有可能被放一马。

风险评估模型用于评估每条信息造成损失或失败的可能性。把关人总是选择风险最小的那条信息。例如，两个信息源，一个历史记录良好，另一个信誉可疑，根据风险评估，选择前者是很自然的。最后是满足模型。把关人遇到第一条可以达到最低标准的信息，就止步了。在怀特最初的把关研究（White，1950）中，"关先生"在当天晚些时候舍弃了几个报道，只是因为他已经选了几个差不多的。他并没有看过所有的报道，经常是把第一个看中的选上拉倒。

思维模式、二次评估、认知启发技术和决策理论有助于我们分析数以百万计的事件是如何被选中成为当天的新闻的。思维模式或决策理论描述了人类如何思考和决策，它们对把关研究的重要性是显而易见的。尽管有笑话说，所有的记者都是人，因此选择新闻的方式是一样的，但是这些理论确实对认识个体决策中的差异有所启发。例如，代表式启发技术揭示了把关人在诠释讯息、解决歧义和形成结论方面的积极作用。把关人个体之间的决策差异可能只是随机的，不过它们毕竟是存在的，并且会体现在新闻内容上。赖特和巴伯（Wright & Barbour，1976）的决策策略类型学代表了另一种解释。有些记者可能更倾向于使用直觉推荐策略，另一些则愿意用分层序列策略或风险评估模型。记者笔下的世界和其他人的会有什么不同吗？很有可能。新闻把关人使用"新闻模板"来决定什么是新闻，什么不是。如果新闻工作者与非新闻工作者使用的模板不同，那么他们对世界的描绘确实会有所不同。

把关人特征

本节继续讨论把关人个体，让我们看看谁是把关人，以及这一点又如何影响把关结果。怀特（White，1950）的研究结果是，"关先生"是凭自己的经验和态度把关的。比斯尔（Bissell，2000）则发现，摄影把关人的决策基于个人的政治偏好和他们对受众期待的想象。

个性 所有人都有个性。个性是指"思想、情感和社会行为的固定模式，这些模式标识出个体在不同时间、不同情境下的行为特征"（Cervone & Mischel，2002，p. 3）。亨宁安（Henningham，1997）研究了记者的个性如何影响新闻内容的制作。与一般人相比，新闻工作者更有可能具有外向型人格，也就是说，善于与许多人相处，并从中汲取能量。这可能是一种职业资产。他总结说，外向型记者多偏重媒体的传播功能，而内向型记者则更长于写反思和分析视角的新闻。在新闻业中，为数不多的内向型记者撰写数量稀少的反思性新闻或者深度报道。还有一些个性的相似性或差异性可能会影响把关。经典的迈尔斯-布里格斯（Myers-Briggs）人格类型学，除了性格的外向与内向之外，还提到了其他一些因素（Quenk，2000）。例如，思考型的人决策时强调逻辑性，而感观型的人在决策时会带入情感；感觉主要来自所见所感，而洞察力更多地来自思想和理论；主要依赖感觉的人经常冲动行事，而偏向判断的人更喜欢计划。不过感觉和判断并不是截然划分的，在同一个人身上，感觉和判断可能多多少少都有一些，或者介于两个极端之间。

霍兰职业类型（Holland，1997）是另一种人格类型学，用于评估不同人格的职业适应性。个性分类包括实干型、研究型、艺术型、社交型、进取型和传统型。记者通常都有进取型人格。他们中很少有人是实干型或研究型，他们更适合竞争环境，在竞争中扮演领导者和说服者的角色。赫斯（Hess，1981）的研究也有类似的结论，即新闻记者通常被认为很容易兴奋。

这说明，新闻工作者对世界的看法确实不同于其他职业的人，在取舍信息时也有与众不同的决策。这也可以解释为什么一些记者会生产较多的调查性内容（研究型人格），另一些则倾向于生产更多的特写（艺术型人格），如此等等。也有某种类型的人可能只是把记者作为一种职业。总之在这个行业中也有各种不同类型的人。只看人格类型无法解释所有的把关决策，但是作为个人特征的一部分，人格有一定的解释力。

背景 考察把关人的背景和人口特征（B. C. Cohen，1963；Johnstone，Slawski，& Bowman，1976；Weaver，Beam，Brownlee，Voakes，& Wilhoit，2007；Weaver & Wilhoit，1986，1996）是媒介研究的传统。人口特征包括种族、性别、性取向、受教育程度、宗教倾向和社会阶层。尽管种族和性取向是复杂的生理和社会混合因素，但每个把关人确实都有特定的种族和性取向。这些变量相对容易识别和测量，因此在把关决策和媒体内容研究中常常被用到。一个来自中产阶级家庭、从常春藤大学毕业的非裔美国异性恋女性，与一个来自工人阶级、就读于一所小型州立大学的白人男同性恋者可能采取不同的决策。性别、性取向和社会经济地位，这些因素对把关决策有怎样的影响？它们是单独还是综合作用于把关决策？在什么情况下单独起作用，在什么情况下综合起作用？关于记者还有哪些难以研究的特征？记者和他们的受众如何看待这些变量？

韦弗（Weaver）和他的同事们比较了记者与非记者的背景和特征。因为记者和其他人一样，都是自主择业，所以没有理由认为记者这个职业的人口特征与更大规模的人口特征完全相同。问题在于确定记者和普通民众之间的人口特征差异如何影响他们的决策策略。有一段时间，媒体批评家把记者称为精英，因为他们与美国主流社会格格不入（Weaver et al.，2007），但事实证明，这个结论是错误的。如果用社会经济地位的高低确认精英，典型的把关人就不够资格。韦弗和维尔霍伊特（Wilhoit）描述的20世纪90年代典型的记者形象为："新教白人男性，拥有公立大学的学士学位，已婚，36岁，年薪约为31 000美元，从事新闻工作约12年，非记协成员，为一家中等规模、集团所有的日报工作"（Weaver & Wilhoit，1996，p.232）。韦弗及其同事（Weaver et al.，2007）后来的调查证实，21世纪初美国记者的统计概况与20世纪90年代大体相似。不过，这只是平均值。与所有的平均值一样，它并不适用于每个个体——事实上，每位新闻记者各有不同。

新闻记者构成的样态也是值得研究的。一种方法是比较新闻工作者和非新闻工作者的人口统计学特征。例如，与其他职业或普通人群相比，记者是否受过更好的教育，或较少信仰新教，或女性居多？韦弗和他的同事（Weaver et al.，2007）在2002年就此做了调查。他们发现，记者在一些常用指标上确实不同于一般人群。相比较而言，他们更可能是男性，已婚率低，较少为人父母，加入宗教组织的比例也低于一般人群。然而，这些差异并不表明记者的基本价值观和最关心的事项与大多数美国人有所不同。遗憾的是，这些研究可能发现了人口统计学上的差异，并推断了这些差异如何影响把关，但是没有研究这些差异实际上如何影响了把关。

应该说，那些试图发现宗教倾向、性别、种族和受教育程度是否影响把关决策的研究取得了部分成功。巴达拉科（Badaracco，2005）发现，那些表示信奉天主教和那些跟福音派新教有关联的记者们写出来的报道与他们不信教的同事有相同，也有不同。有些传闻表明，非裔美国记者报道种族问题的方式不同于他们的白人同行（例如，Campbell，1995），不过，恩特曼和罗杰基（Entman & Rojecki，2000）研究了36个地方新闻市场后发现，非裔美国记者和白人记者的报道没有区别。而在女子体育报道中，新闻的取或者舍都可以以性别为理由。哈丁（Hardin，2005）发现，报纸的体育栏目把关人会根据自己对观众兴趣的理解来决定是否报道女子体育项目。

价值观 甘斯（Gans，1979a）总结了美国记者共享的以下八种社会价值观，这些价值观直接体现在新闻生产中。总体而言，这些价值观是进步的，不能被简单地归类为自由主义或保守主义。

民族优越感 按照美国的实践和价值观标准选择并建构新闻事件，这是美国大众媒体的普遍倾向。前社会主义国家或中东国家的治理改革总是被拿来与美国制度进行比较。美国大众媒体在做把关决策时，总是把美国视为最重要、最有价值和最强大的国家，以自己作为标准评判所有其他国家（Wasburn，2002）。

不过，民族优越感并不为美国所独有。里文伯格的研究（Rivenburgh，2000）表明，阿根廷和丹麦的记者在撰写新闻时都对自己的国家情有独钟。好几项研究（W. C. Adams, 1982; Bennett, 1994; Malek, 1997; Zaller & Chiu, 1996）都显示出，在报道涉及外交事务或国际新闻时，民族优越感尤为突出。在国际争端报道中，记者或明或暗地站在他们的祖国一边。民族优越感还会导致其他国家的新闻被忽略。祖国被认为是唯一值得报道的（Wasburn，2002）。如果某外国被报道，很可能是因为记者的祖国与之发生了重要的经济联系（Kline，1994）。这可以解释为什么美国新闻界对南美和非洲不感兴趣，而亚洲国家只在事关美国经济利益时才会被提及。

利他主义民主 利他主义民主指涉及公共利益的政治和政府运作。因为这个世界常常偏离理想状态，所以把关人通常会选择带有批评态度的负面报道：道德败坏的政治家、效率低下的政府、金融腐败、裙带关系和种族歧视。把关人将政府的日常运作与经典政治理论家提出的理想状态进行比较，必然会发现政治和政府的毛病。美国的把关人还把普通公民描绘成政治上幼稚且被动的人，任何公众人物，只要表演得貌似关心公众需要，就会被公众奉为英雄（Wasburn，2002，p. 13）。

负责任的资本主义 根据这一概念，虽然经济增长和公平竞争是可取的，但企业不应追求过高的利润，或掠夺客户、剥削工人。印刷媒体的企业版充满了成功企业家和经理的特写。帮助穷人的企业或是加入了"绿色"环保运动的企业都能得到正面的报道。安德伍德（Underwood, 1993）认为，随着新闻界认同了经济合理性概念，负责任的资本主义也得到了更高的评价。与此同时，极少量的工会报道也把工会描绘成负责任的资本主义的绊脚石（C. R. Martin, 2004; Puette, 1992）。

小镇田园主义 小镇田园主义倡导自然（在与城市开发商的斗争中），主张小是美好的。小城镇被理想化为通过利他主义和社会合作来维持的良性社区。媒体关于大城市的暴力、种族主义和污染问题的报道与小镇居民轻松、质朴生活方式的特写形成了鲜明对比。弗兰克（Frank, 2003）的研究显示，即使在关于小城镇暴力的报道中，记者也不忘强调小城镇生活的价值。坎贝尔（Campbell, 1995）注意到，这种小镇田园主义在关于南方农村种族问题的报道中也有所反映。正如安德森和斯特拉特（Andersen & Strate, 2000）所说，小镇田园主义正在成为一种价值观，尽管是非传统的信息源，但竟然也能够，并且确实说服了记者去报道他们的事业。

个人主义 个人主义赞许那些战胜贫困或政府的官僚主义，白手起家，取得成功的人。美国媒体不喜欢过于依赖他人的人，如那些依赖政府救济的人。自我实现、自给自足是理想人生，依赖性强的人则被视为软弱、心理发育不全（Shoemaker & Reese, 1996）。个人的成败通常用个人的选择或性格来解释，社会或历史的原因往往被忽略不谈（Bennett, 1996）。坎贝尔（Campbell, 1991）说，《60分钟》节目几十年来都在讲这种以个人主义为核心价值观的故事。事实上，大多数的调查性报道通过描绘个人的清白或有罪来激发受众的道德义愤（Protess et al., 1991）。个人主义是媒体最基本的价值观，媒体简直像一个"个人主义崇拜教会"（Rothenbuhler, 2005, p. 91）。把关人做的就是接收道德剧中关于好人和坏人的信息。

不偏不倚 不偏不倚的价值观防止任何形式的过度或极端主义。

媒体报道政治和文化事件的原则是不越主流观点的雷池一步（Carey，1988；Lull，1995），并将那些被认为越轨的对象边缘化（Shoemaker，1984）。越偏激的政治团体，越被大众媒体描绘为合法性缺失。休梅克的研究发现，极端组织（如三K党、纳粹等）被贴上了诸如"自高自大""过激""杀人犯""阴谋集团"和"一群疯子"这类负面标签；无党派的团体［如女性选民联盟（the League of Women Voters）、塞拉俱乐部①（the Sierra Club）和共同事业组织②（Common Cause）］则被贴上"俱乐部""无党派组织""通情达理""勤奋""明智"和"公正"这类中立或正面标签（Shoemaker，1984，p.75）。这种不偏不倚并不限于关于政治团体的新闻。"各种各样的团体，团体生活的各个领域、方方面面"（Ericson, Baranek, & Chan, 1987, p.4）无不充斥着中间和边缘的选择。

社会秩序 大规模的公共生活脱序——如抗议游行——和吸毒这样的道德败坏，都是媒体反对的。将犯罪描述为对社会秩序的威胁的新闻比比皆是（Chibnall，1977；Ericson et al.，1991）。甘斯（Gans，1979a）总结了四种脱序报道：自然的、技术的、社会的和道德的。自然脱序包括地震和洪水。技术脱序包括由技术引起的事故，如导致飞机坠毁的技术缺陷（见Berkowitz，1992）。社会脱序包括威胁和平的行为。作为一个例子，吉特林（Gitlin，1980）描述了媒体如何通过给"和平"加引号的做法，将20世纪60年代争取民主的学生和平游行边缘化。道德脱序指不威胁社会秩序，但是违反社会习俗的行为，如媒体呼吁公众关注年轻人的新潮发型和服饰（Shoemaker et al.，1987）。

国家领导人 媒体强调领导人品行端方，在其位谋其政，一般来说应在情况棘手时有所作为。领导人本人的品行也是新闻，比尔·克

---

① 塞拉俱乐部是美国的一个环保组织，是世界上最早的大型环保组织之一，目前从事的是游说政治家以推进环保主义政策。——译者注

② 共同事业组织是总部设在华盛顿特区的一个监察组织，成立于1970年，被认为是无党派的，主张政府改革。——译者注

林顿在担任美国总统期间,被抓到和实习生的性丑闻就是一例。沃斯伯恩(Wasburn, 2002)认为,对克林顿丑闻的报道显示了媒体对国家领导人丑闻的高度关注。把关人特别愿意报道政府官员没有完美履职的新闻。2005年,当新奥尔良遭受飓风灾害时,美国政府没有人站出来解决问题,被指责为无能。政府官员在电视上受到点名抨击,记者在报道中出镜表达了个人的极大愤慨。

比起那些遵纪守法的信息,违反上述价值观的信息往往更容易通过关卡,因此媒体长期以来被批评为只报道"坏"讯息。休梅克及其同事发现,在《纽约时报》、ABC、CBS和NBC上,对越轨事件的报道多且突出,反之,在公共场合表现正常,即守法且举止合宜的事件难以得到报道(Shoemaker et al., 1987; Shoemaker, D. Anielian & Brendlinger, 1991)。在越轨事件对现状构成威胁的时候,媒体对事件的报道可以作为一种社会控制的工具。公开报道越轨行为可以启动纠错机制,从而惩处或消除越轨行为。

职业角色观 把关人对职业的想法也会影响把关决策。科恩(Cohen, 1963)第一个注意到职业角色观会影响把关人的立场选择:中立还是介入。约翰斯顿、斯拉夫斯基和鲍曼的后续研究(Johnstone, Slawski, & Bowman, 1976)扩展了科恩的分析,他们的研究描述了具有不同职业角色观的记者的工作状态。中立派比较愿意被动地接收当天的讯息,而介入派坚信要挖掘真相。韦弗和维尔霍伊特(Weaver & Wilhoit, 1986),以及卡伯特森(Culbertson, 1983)后来又发现记者有三种角色类型(传播型、诠释型和对抗型),韦弗和维尔霍伊特(Weaver & Wilhoit, 1996)在他们的进一步研究中又增加了第四种类型(民粹动员型)。韦弗和他的同事(Weaver et al., 2007)最近证实了这四种类型的存在。

学者们认为职业角色观引导着把关人,让他们看到不同的事物,并得到不同的评估结果。*传播型*把关人把处理每天收到的信息当作日常工作;而*对抗型*把关人倾向于报道政府和企业的不当行为,并愿意为此付出一定代价。卡伯特森（Culbertson，1983）也发现了职业角色观与把关决策之间的关系。斯塔克和索洛斯基（Stark & Soloski，1977）采用准实验方法，研究了在校新闻系学生的职业角色观以及其他因素是否影响新闻写作。研究发现，职业角色观对学生制作的新闻报道类型有一定影响。韦弗和维尔霍伊特（Weaver & Wilhoit，1996）还发现，职业角色观还影响到记者对自己最佳作品类型的判断。

公民新闻（public journalism）[①] 的出现反映出新闻工作者角色的转型，社区和在地新闻现在得到了更多的关注。不过，埃伦特和迈耶（Arant & Meyer，1998）指出，大多数记者仍坚持传统价值理念，担心公民新闻对独立、客观的传统专业价值观构成威胁。另一项研究（Voakes，1999）表明，在较小报纸工作的记者，大力支持公民新闻或公共新闻，因为他们的注意力原本就在社区新闻和社区参与上。记者的职业角色观还随着网络新闻媒体的出现发生了转变。辛格（Singer，1997，1998）发现，网络媒体记者认为他们的任务就是处理大量信息。这种认识可能导致在突发新闻大量上传、需要快速评估时，放松伦理标准（Arant & Anderson，2001）。

工作类型　把关人在新闻机构中承担的工作是不同的，他们所从事的工作类型也会影响其处理信息的方式。伯科威茨（Berkowitz，1993）观察到，在电视新闻行业，工作类型很重要。记者主要是采集信息，把原材料带回电视台，提供给主管，由制作人和新闻主管决定播出内容（Berkowitz，1993）。

巴斯（Bass，1969）提出，在印刷媒体中，不同的岗位决定了新闻工作者的差异。新闻工作者被分为新闻采集者（撰稿人和记者）和新闻加工者（如文字编辑）。从最初对"关先生"的研究开始，大多数把关研究只关注新闻加工环节。然而，当一条讯息到达编辑部时，已经有人（新闻采集者）确定它达到了基本的新闻价值标准。要全面理

[①] public journalism 可以是 civic journalism，也可以是 citizen journalism。——译者注

解把关，就必须把讯息采集部分也纳入研究范围。记者的自主性程度也是影响把关的因素。此外，外派在边远地区的记者对自己发的新闻能否过关比在总部工作的那些人有更多话语权。

摄影记者和编辑对视觉报道的态度和看法与文字编辑可能不同。法赫米对摄影记者和图片编辑的研究（Fahmy，2005）表明，他们中的大多数人认为，美国纸媒对人类苦难、爱国主义、政治气候和全球事务的视觉描述不同于外国纸媒。对新闻照片的把关与一般图片不同。在阿富汗战争和纽约世贸中心被毁这样的事件中，选图片首先考虑的是政治敏感度，而读者、批判性、品位、自我审查和个人道德感此时都不那么重要。

关卡上的作用力

怀特强调了他的研究中的行动者——"关先生"的行为的重要性。经过前面的分析，我们已经认识到，个体把关人的能力或意愿构成了关卡上取舍信息的部分作用力，但我们也注意到，个体层面的分析并没有触及个人能力。个体能力受到很多制约，比如正常的人类心理、把关人普遍面对的工作环境，以及把关人对媒体机构的文化适应程度或立场。个体层面的分析也没有想当然地认为个体面对确定情境会做出下意识的反应。把关人的决策有时候是清醒的、策略性的。

在某些情况下，把关人的思维方式和一般人一样。有些想法完全就是自动生成的，甚至可以说关卡上表现出的某些作用力是生物性或遗传性的。人类的认知程式是通过进化固化在大脑中的。"在与物种相关的特有的认知功能方面，个体差异应该是最小的。年龄、文化、智力、受教育程度以及其他一些因素，虽然明显影响了有意识的讯息处理过程，但相对于与生俱来的固定思维模式，其重要性是远远不及的。"（Kellogg，2007，p. 80）判断式启发技术可能是这种固定思维模式的最佳例子，它被认为是一个无意识处理过程。

不过，大多数关于个体思维方式的心理学研究强调，大脑的固定思维模式只体现了思维过程的一小部分。环境因素在思维过程中其实起着关键作用。思维理论承认，当信息流量增大时，把关人在给定时间内做出合理判断的能力就会降低。同时，环境因素还与人类基本生理能力相互作用。由于人脑在短时间内能够存取的信息有限，因此信息加工受到信道容量的限制。当把关人使用获得式启发技术时，记忆中的内容就变得非常重要。而在代表式启发技术的应用中可以看到环境因素的作用，在这种情况下，把关人高度倚重长期以来建立的新闻分类。

多因素环境意味着关卡上存在着多种作用力。单个的把关人在受到外部因素阻碍时，总是会寻求最有效的方式解决问题：有时通过线性思维理性计算出最有效的路径，有时采用判断式启发技术，有时应用决策规则。在信息流稳定的情况下，把关人会采取直觉推荐或先见即足这样的认知捷径，有效完成把关任务。面对某些相同或相类的困难，把关人经过多次处理后，会形成固定路径。例如，创建一种新的新闻模板以实现高效决策。为了追求效率而形成的流程会随着时间的推移，以及很多把关人的反复认可而固化。当出现新的障碍，或"复杂且混乱的环境"与人类复杂性碰撞时，会形成新的路径，把关结果也会有所不同（McKenna & Martin-Smith，2005，p.832）。

正如我们在本章中所指出的，人类的复杂性以多种形式表现出来。把关人的性别、种族、宗教倾向、受教育程度、个性等等，各不相同。这些差异告诉我们，把关人生长于有不同社会分工的环境中。在原生群体中的高度社会化强有力地影响着把关人对现实的认知。这些差异在历史上被确认为偏见的来源（Entman，2007）。白人把关人生产过一些足以暴露他们的偏见的报道，例如，赞扬黑人运动员的生理能力，赞扬白人运动员的智力和个性（Rada，1996）。把关人的理性与他们的成长环境有关。他们的决策为根深蒂固的、往往是下意识的偏见所牵引,或者换句话说,这是"基于结构化人群的误识"(Mills,2007,p.13)。可以想见,群体刻板印象必然在把关人塑造新闻时体现出来。

立场认识论(standpoint epistemology)是一面透镜,通过对把关人立场的了解,可以把握他们各不相同的特征如何构成了关卡上的作用力。普遍理性被认为是一个有害的神话,不过是精英统治的工具(Gilligan,1993)。立场认识论的倡导者相信,知识具有"情境性",即"被压迫群体与支配群体处于不同的情境中,其被支配的社会地位使之生产出完全不同的知识"(Harding,2004,p.7)。身为女性、少数民族或有非主流宗教信仰的把关人,与享有特权的白人男性对世界的理解是不同的。这不是"偏见",因为"立场认识论"否认所有声称无偏见的知识——所有把关人都必然持有某种社会立场。

个体把关人还有其他社会化或文化适应的途径。他们接受历史形成的角色设定,也信奉文化中体现的价值观。把关人对其职业角色的理解差异也是对媒体讯息造成结构性影响的因素之一。与此同时,对美国文化价值观的近乎全盘接受又导致了美国媒体接收讯息的相似性。个体新闻工作者就是在这种既有角色理解的差异,又有全盘接受的文化价值观的环境中完成职业的社会化,或者说被塑造出特定的观察世界的方式的。当然,社会化的程度是各不相同的。例如,广泛接触世界各民族的把关人比那些守在本国的把关人少了些民族优越感。

下一章我们将讨论编辑部中对社会化影响的抵抗。

第四章 传播常规分析

勒温描述的把关,是物品通过一道道由把关人控制,或由一套"不偏不倚的规则"(Lewin,1951,p.186)控制的关卡,在渠道中移动。在传播行业中,我们称这套所谓不偏不倚的规则为"传播常规"。常规是媒体工作者"不断重复的日常工作实践的模式化、程序化"(Shoemaker & Reese,1996,p.105)。常规不仅存在于大众媒体的新闻采集、加工和传播过程(如截稿期、倒金字塔格式、跑口),在人际沟通中也是必不可少的(如一些主题和词汇常常被认为不适合男女混合的情境)。像怀特(White,1950)那样只强调个体把关人能动性的观点,可能会遮蔽某些制约个体新闻工作者的因素。爱泼斯坦(Epstein,1973)认为,机构价值观一定优先于记者的个人价值观。他说:"联播网的新闻并非简单地由新闻工作者个人观点决定。记者和评论员所呈现的事件图景经常受到具有完全不同的价值标准和目标的技术人员、新闻编辑、制作人和高管的质疑、修改和重塑。"(Epstein,1973,p.231)

常规对于讯息的取舍至关重要。要评估个体和传播常规在把关中各自发挥了多大的作用,就必须先区分二者各自的影响所在。当一个人执行把关任务时,我们必须了解他在多大程度上仅仅是在执行常规。当不同的把关人都做出相同的选择时,可能常规扮演了主要角色。如果某位新闻人做出的选择明显与他人不同,那就意味着个人特征发挥了更为重要的作用。休梅克、艾科尔兹、金和里格利(Shoemaker, Eichholz, Kim, & Wrigley, 2001)在报纸对国会法案的报道中比较了个人和常规因素的影响,并得出结论,就国会法案这类内容来说,常规是显著的解释因素。这项研究包括两套问卷和一项关于国会立法报道的内容分析。研究发现,常规的"新闻价值"标准能更准确地预测出法案会得到什么样的报道,而根据写作该报道的记者个人特征做出的预测则差一些。卡西迪(Cassidy, 2006)的研究结论与此相似。他说,与个体特征相比,传播常规对印刷媒体(包括其网络版)记者的职业角色观影响更大。

有很多文献支持传播常规的独立影响力。例如,萨瑟和拉塞尔(Sasser & Russell, 1972)对一家报纸、两家电视台和两家广播电台的研究表明,这几家媒体在事件选择、播出或发表长度以及发布的位置这几项上,几乎完全不同,但是*最重要的*新闻事件除外。这表明,在重大新闻的选择上,常规对把关人决策影响很大;但对于不那么重要的新闻,把关人的个人偏好(或媒体机构的偏好)的作用就略大些。赫希(Hirsch, 1977)提出,相对来说,各媒体新闻类别的设定都差不多,差别在于对*具体新闻*的选择。斯坦普尔(Stempel, 1962)的一项早期研究显示,各家报纸对哪类新闻应该得到报道有高度一致的标准。20年后,斯坦普尔(Stempel, 1985)研究了三家电视网和六家报纸后再次发现,它们有着非常相似的新闻类别组合,但是对于具体该报道什么样的讯息,标准有所不同。常规似乎决定了报道的总体构成,而各个把关人则确定在标准框架下报道哪些特定的新闻。弗莱格尔和查菲(Flegel & Chaffee, 1971)在研究中发现,纸媒记者说,他们更多的是自主选择新闻,较少考虑读者和编辑的意见。记者们认为是自已在做决定,而没有充分意识到媒体的标准框架已经代他们做出了许多选择。

常规中包含了随历史演进而来的大众媒体的新闻选择标准。当把关人遵循标准——也就是既定的行动者模式——做出选择时,他们就不再是个人决策者,而是代表新闻行业或社会做出选择。但是,这并不意味着个体新闻工作者对决策没有影响。霍曼斯(Homans,1950)曾经指出,个人的一个"决定"可能对未来的行为产生影响。也就是说,个人今天的把关决定可能影响明天的行为。事实上,库尔皮乌斯(Kurpius,2000)的研究已经显示出,致力于公共新闻的电视台新闻部都已经成功地改变了常规。

休梅克和丽思(Shoemaker & Reese,1996)注意到了三种传播常规的来源:新闻工作者对消费受众的定位,新闻记者依赖的外部信息源,以及新闻机构的文化和背景。三种常规来源各自形成了不同的常规或模式,但是,正如我们稍后将要描述的,其实每一种的基本解释逻辑都是相似的。

受众的定位

新闻工作者和他们的受众会发生某种程度的直接接触。他们有时会遇到读者、听众或观众。现在发布新闻时,提供电子邮件地址已经变得很常见,以便受众向记者发送评论。不过,甘斯(Gans,1979a)和其他学者[如施莱辛格(Schlesinger,1987)]的研究显示,记者对受众需求只有抽象的、二手的认识。新闻工作者制作新闻时主要还是依靠既定的常规,他们相信这是吸引预期受众的保证。新闻价值就是记者依赖的常规之一。新闻价值是对受众新闻评价标准的概括。经过内部社会化过程,记者已经将这些新闻价值标准内化了(Breed,1955;Tuchman,1978)。

把关遵守一套标准化的新闻价值观，新闻中的细节也是根据这套标准突出或省略的。奇布诺尔说："记者根据这套实用的标准选择和构建有新闻价值的新闻。"（Chibnall，1977，p. 13）这些标准部分是基于对受众需求的假设，例如"重要的或吸引人的、有趣的、易懂的、令人愉悦的、有印象的，或者被认为有意义的"（Golding，1981，p. 74）。

在研究过几家报纸的世界新闻之后，我们看到，把关人共享很多新闻定义（Shoemaker & Cohen，2006）。但新闻价值究竟是什么呢？现在普遍认为新闻价值是多维度的，不过各项研究所得出的新闻价值指标，其数量和分类似乎各不相同。几十年来，因子分析一直被用来确定报道的分类。斯坦普尔（Stempel，1962）对25家报纸的156篇全国性新闻报道进行了分析，辨识出六大新闻价值因子：悬而未决的社会冲突、公共事务、人情味、及时性、积极乐观，以及与政治和政府的论争。巴克柳（Buckalew，1969b）发现了新闻价值的五个维度：反常性、重要性、接近性、及时性和视觉可获得性。巴迪和沃德（Badii & Ward，1980）则总结了四个维度：重要性、显著性、反常性和回报。接近性是一个被人们经常提到的重要指标，不过在卢特贝格（Luttbeg，1983b）对75家报纸的研究中，这一项没有得到支持。

受众兴趣还有其他表现途径。有时候市场调查决定了哪些讯息能过关（Berkowitz，Allen，& Beeson，1996）。就是在引入市场调查和焦点组访谈后，电视新闻才实现了分众化，为特定社会经济阶层提供定制的新闻（Allen，2005）。不过，有研究发现，新闻记者和编辑往往相信他们自己对受众品味和兴趣的把握，而忽略或拒绝市场研究提供的调查结果（Gans，1979a；Jacobs，1996）。森普特（Sumpter，2000）研究了报纸编辑的工作常规。他认为，编辑对受众进行了分类，但是这个分类的依据是新闻编辑室内的互动或亲朋好友的圈子，这个圈子理解世界的方式才是编辑们认可的可靠的受众指南。受众就是想象中的读者群。森普特（Sumpter，2000）总结说，编辑就是根据这些受众分类，来组织相应的新闻的。

新闻工作者一直根据对受众的假设或直觉制定常规，受众也一直在影响新闻内容。如果编辑部偏好冲突性或人情味，新闻内容就会带有冲突性或人情味。如果编辑部工作人员认为观众喜欢戏剧性效果，新闻内容就会是戏剧性的。贝内特断言，即使在没什么戏剧性的地方，记者也能发现戏剧性——"他们有大量的套路储备，使用起来驾轻就熟。对他们来说，把日常生活转变为'新闻现实'已经变成下意识的职业行为"（Bennett，1996，p. 36）。

外部信息源的定位

把关人从不缺采集新闻的手段和途径。正如西加尔（Sigal，1973）所指出的，记者们有一些相对可预测的新闻采集常规渠道，例如，政府官方记录、新闻稿、新闻发布会，还有仪式、演讲之类非自然发生的事件。记者也使用私下透露和背景通报这类非官方渠道。西加尔还提到开拓性渠道，也就是记者自己发起访谈，进行原创性研究的报道，以及自发性事件——不过，此类报道占比之少令人吃惊。他得出的结论是，常规渠道提供的都是官方主导的新闻，大多数与政府有关，但也可能来自其他重要机构，比如政党和社会团体、大公司、教育和健康机构等。智库这类机构也为新闻媒体提供了相当多的信息及其阐释（Rich & Weaver，2000）。

布尔斯廷（Boorstin，1987）的研究区别了伪事件（更多信息见第六章）和大量非自发性事件。这些事件是被设计出来，专为引起媒体注意的。一位公职候选人在拥挤的礼堂发表演讲，如果是为了赢得选票，那么这项活动就有了一个实在的目标。候选人带着媒体参观当地的农场，表面上是为了拉农民的票，其实是让媒体关注候选人的农业政策。布尔斯廷说，有时私下透露这种非官方渠道也会被正式化，从而变成一个伪事件。不管怎样，官方渠道还是新闻业的主导信息源。利文斯通和贝内特（Livingston & Bennett，2003）曾经假设，如果技术进步使得事件信息（特指那些自发性事件）变得越来越容易获取，那么把关人对官方渠道的依赖可能会减少，转而更多依赖常规渠道。然而，他们的研究结果却出乎意料地显示出："在一个关于非预期、无脚本的自发性事件报道中，官方讯息来源是必不可少的组成部分。"（Livingston & Bennett，2003，p.376）

希弗（Schiffer，2006）研究了新闻媒体对唐宁街备忘录争议的报道后，强调说，大多数媒体依赖官方新闻渠道。希弗总结说，有关备忘录的报道，"大报新闻基本被布什政府的声明带着走。电视对官方讯息来源的依赖更明显，在两次官方行动后的24小时内，几乎一半的相关讯息来自政府"（Schiffer，2006，p.506）。这种现象并不仅限于美国。特拉基纳（Traquina，2004）研究了四个国家的艾滋病病毒和艾滋病报道，发现官方信息源都占据主导地位。

随着新媒体渠道的开放，一些学者设想，对精英信息源的依赖将减弱（Williams & Carpini，2004）。新媒体意味着进入媒体行业的经济壁垒降低，因而会出现更多的替代性媒体，而替代性媒体，按其定义，意味着其信息源也可能是替代性的。阿顿和威肯登（Atton & Wickenden，2005）对信息源进行了研究。他们发现，与主流媒体相比，替代性媒体确实更多地利用非精英信息源。然而，他们也注意到，"反精英"的信息源也是因其具有公认的思想方面的专长、权威性和合法性而得到承认的。这种信息选择模式与主流媒体没有什么不同。

对官方信息源的常规依赖对新闻的影响是多方面的，例如赋予了当权者某些特权（Bennett，1996），削弱了观点多样性（Hallin，1989；Liebler，1993；Schiffer，2006），强化了性别刻板印象（Armstrong & Nelson，2005），等等。佐奇和特克（Zoch & Turk，1998）的研究就显示出，男性仍然是压倒性的新闻源，他们构建了一个男性比女性更具权威性的世界。简而言之，由于把关人共享一套信息采集与加工的常规，因此内容会以可预测的方式被报道出来。

不仅如此，索利（Soley，1992）的一项研究还表明，新闻媒体不仅拥有一批标准化的新闻生产者，同时还拥有一批精英级别的"新闻建构者"，他们的"唯一职能就是提供评论或分析，虽然他们并不这样描述自己"（Soley，1992，p.2）。索利（Soley，1992）认为，存在着一个不到百人的排他性群体，他们拥有相同的种族、性别和教育背景，来自彼此关联的家族，新闻建构者就在他们之中。报纸和电视记者把这个"权力精英"群体作为现成的意见、阐释和评论的来源。索利指出，有些新闻根本就是"基于这些新闻建构者的陈述"（Soley，1992，p.153）。

最后一个常规的外部信息源是其他媒体把关人。格雷（Grey，1966）在一项对最高法院记者的研究中指出，有时候记者对新闻的取舍取决于其他记者的所言所行。为了证明自己的专业水平，记者有时候不得不表示，别的记者也对这条新闻感兴趣。

媒体工作环境

媒体通常"根据时间和空间的要求形成一定的常规，以保证完成每天的工作，以及维持日复一日的运行"（Tuchman，1978，p.41）。常规的另一个作用是减少媒体卷入诽谤诉讼的风险，并保护新闻工作者免受同行的批评。塔奇曼（Tuchman，1972）认为，为了保持客观性，记者通常遵循四个步骤：提供对立的证据（冲突"双方"的），再现支持性的"事实"（普遍认可为真的），引用非当事人的话或使用加引号的方式质疑群体或事件的合法性（例如，"和平"游行），使用倒金字塔结构（即按信息重要程度逐次表现新闻内容）。简言之，媒体建立了一套常规以应对各种任务和目标。媒体还为保证按时截稿而设立了岗位互换制度，以便随时捕捉新闻事件进行报道，确保每天或每小时的新闻更新。所有这些，加上媒体机构的科层、会议、团队和技术，都会影响到把关。

整个行业都有既定的传播常规。班茨、麦科克尔（McCorkle）和巴德（Baade）把一家地方电视新闻台比作"新闻工厂"，指出新闻工作是高度标准化的，"几乎一模一样的［筋疲力尽的］记者和摄影师在有限时间内生产出统一的产品"（Bantz, McCorkle, & Baade, 1981, p.385）。他们说，这种工厂制"减少了整个新闻播出部门工作人员对工作的个人投入，无论是对自己参与的产品，还是整个部门的工作。工作岗位互换，工作人员对最终产品缺乏控制，必然会产生这个结果"（Bantz, McCorkle, & Baade, 1981, p.382）。

截稿时间也会影响新闻选择。截稿在即，手头信息有限，也就只能在有限信息中选择；当时间比较充裕时，媒体可能会跟进新闻线索，寻找在常规情况下未能暴露出来的信息（Whitney, 1981）。在怀特（White, 1950）的研究中，截稿时间也是制约因素。当截稿时间临近时，"关先生"会以版面有限为理由，拒绝许多本来可以被登出的新闻。

仅每天填充新闻版面这件事本身就生成了一套常规。吉伯（Gieber, 1956）研究电讯编辑时发现，电讯编辑是被动的、任务取向的，编稿时只考虑完成生产任务、行政任务，以及搞好与编辑部同事的关系。对编辑压力最大的不是新闻稿的好坏，而是保证新闻上版（Gieber, 1964, p.175）。记者的压力源于每天必须采写一定数量的新闻稿。邓伍迪（Dunwoody, 1978）揭示了这种压力对新闻生产的意义。她对科学记者所做的研究显示，需提交的稿件数量和截稿时间对讯息写作有很大影响。罗斯科（Roshco, 1975）和布里德（Breed, 1955）论辩说，有些新闻是因为填充版面的需要而具有了价值，也就是说，因为填满版面的持续压力，导致把关人把新闻数量变成了核心目标。

当记者需要从看似难以计数的信息中做出选择时，他们会援引框架来管理任务。根据吉特林的观点，框架就是"认知、解释和再现的模板，也是选择、发现重点或拒斥的模板"（Gitlin，1980，p.7）。通过使用框架，记者增强了处理信息的能力。一旦一个事件被认为具有新闻性，框架就将决定它的类别和写法。吉特林确信，框架是新闻业必不可少的部件。

媒体机构中的常规非常有用。"将由无数事件构成的世界转化为新闻"，这本来是几乎无法实现的事，常规使之变得可以控制（Golding，1981，pp.64-65）。所有的媒体都开发了自己的常规，以求控制信息流，记者将事件分为五个类别——软新闻、硬新闻、现场新闻、滚动新闻和追踪报道——也是为了实现这个目标（Tuchman，1974）。

把关人利用新闻价值把事件转化为新闻。新闻价值一方面帮助媒介机构定位受众，另一方面也有助于新闻机构完成作业。根据戈尔丁的说法，新闻价值就是用来估定新闻适恰性的（Golding，1981，p.75）。对媒体而言，一个事件的适恰性首先在于有制作可行性，满足技术要求，满足新闻的基本要素，能够在媒体的各种制约条件下被制作成新闻。

加尔通和鲁格（Galtung & Ruge，1965）列出了事件通过媒体各个关卡的九个条件。事件应和媒体的*时间表*相一致。*规模大或冲突激烈*，特别是规模不断增大的事件容易被媒体选中。事件的意义不能模棱两可——意义*清晰*才能过关。媒体最喜欢对目标受众有直接文化意义的新闻事件。如果事件符合预期，过关的可能性更大。意外和不同寻常的事件，以及被认为具有*历史延续性*的事件经常被选中。因为把关人将每日新闻视为一个*拼接*的整体，所以某些讯息被选中仅仅因为它与其他新闻形成了对比。最后，把关人及其所在社会的*价值观*，都是重要的选择标准，居于其他八个条件之上。

很明显，事件的新闻价值和特征还需经过媒体把关人的加工。克莱曼和赖斯纳（Clayman & Reisner，1998）观察了报纸编辑人员如何在编辑部会议或员工会议上讨论新闻价值，或者说讨论可能的头版新闻的新闻价值。由于总编辑对编辑部提供的候选头版新闻没有直接的判断依据，所以他或她只能依赖编辑的概述。根据克莱曼和赖斯纳的观察，"在把关过程中，起重要作用的不只是编辑们内化的新闻价值观，还有他们在编辑部会议上的公开言行，这些会议基本上就是一个重要的关系市场"（Clayman & Reisner, 1998, p.197）。他们说，在编辑部会议上措辞微妙的支持性发言不仅对新闻过关有积极影响，而且有助于维护同事间的关系。森普特（Sumpter, 2000）对编辑会议的研究结果则是，会议上其实很少讨论新闻价值问题，大多是在讨论推销新闻的最佳方式。

伦理和体例手册可以免除新闻工作者很多大大小小的麻烦，把它们变成日常管理。安德森和利（Anderson & Leigh, 1992）的研究显示，报纸编辑和电视新闻主管不断向记者强调伦理指南，以避免麻烦和简化决策（另见 Anderson, 1987）。基思（Keith, 2005）的研究表明，在检查新闻伦理过失问题上，文字编辑发挥了重要作用。与伦理相关的决策不仅决定了新闻最后的模样，同时也影响到新闻的选择。安德森和利（Anderson & Leigh, 1992）认为，一些重要事件没有能够变成新闻，只有一个理由，就是新闻工作者的伦理意识越来越强。体例手册简化了这些问题的决策过程。例如，*美联社的体例手册*特别规定了涉及少数族裔时使用的语言，这样记者就无须为此费心。

媒体的管理决策也影响传播常规。贝内特（Bennett, 1996）发现，电视台一旦购买了卫星转播车或直升机，就会常规性地报道那些需要使用这些设备的新闻，从而证明投资的合理性。冈特（Gunter, 2003）描述了如何使用软件制作新闻，特别是金融和体育新闻，在这些领域，用统计数据就可以生成标准化新闻。萨尔文（Salwen, 2005）则描述了谷歌如何使用算法来选择新闻，确定新闻的位置、标题和配图。任何技术创新一旦被采用，就会形成新的选择和制作新闻的常规。根据帕夫利克（Pavlik, 2000）的研究，新技术，特别是互联网，已经改变了新闻编辑部的运作方式、记者的工作方式，以及取舍信息的方式。

例如，电子邮件被引入后，编辑部的内部沟通、新闻采集，以及与受众的互动都有了新的常规。

新闻媒体不仅仅是使用技术，它本身就是技术的产物。不同的媒体——印刷品、广播电视或互联网——各自建立了不同的常规。有些学者指出，互联网新闻是新闻的一种范式转变。不过，研究网络媒体的新兴学派还没有就新体制环境下新的把关常规达成一致的看法。一些学者，如威廉姆斯和卡尔皮尼（Williams & Carpini，2004）认为网络媒体环境挑战了把关理论的基本假设。精英把控新闻渠道的现象为大量网络媒体的兴起所动摇。关卡已经一去不复返了（另见 Levinson，2001）。他们确信："甚至媒介的日常运作程序、机构常规和曾经决定新闻价值的跑口都需要认真的反思。"（Williams & Carpini，2004，p.1213）辛格则争辩说，尽管在网络新闻环境中把关功能正在发生变化，但是"似乎不太可能很快变得一文不值"（Singer，1998）。辛格（Singer，1997，2005）研究了传统纸媒机构对网络环境的适应。他说，在制作网络新闻时，纸媒原有的常规仍然发挥着强大的作用（另见 Arant & Anderson，2001；Cassidy，2006）。另一些学者，如布伦斯（Bruns，2005，2007）和莱文森（Levinson，2001）等，意见居于二者之间。他们注意到了协作新闻网站选择和构建新闻的独特方式。布伦斯称这类制作常规为"*把门*"（gatewatching），即"监视新闻出版物和其他资源的输出端，以便识别出可用的重要材料"（Bruns，2005，p.17）。

所有这些发现均表明，网络新闻媒体，无论是大型新闻网站、社交或协作性新闻平台、博客、论坛还是社交媒体，都有一些不同于传统媒体的常规。传统媒体的常规已经是以受众为中心了，但与社交新闻网站对受众的迁就仍不可同日而语。例如，在 digg.com 网站，首页的内容是由用户投票决定的。这个过程快速且持续不断，所以一条新闻通常只能在首页停留一到两个小时（Wu & Huberman，2007）。被提交的内容既有大型新闻网站上的新闻链接，也有博客文章、照片或视频。莱尔曼（Lerman，2006，2007）将这种常规程序称为*社会过滤*或*社会信息加工*，即用户协作在互联网上筛选新闻，提供给社交新闻平台。根据罗德里格斯和斯坦贝克（Rodriguez & Steinbock，2006）的研究，协作型新闻网站有两种：一种是基于信任的社交网络，用户聚集于此是出于对决策者的信任；另一种是基于投票的社交网络，以投票结果的排序（rank-ordered content）吸引用户。

将协作应用于新闻建构，听起来很新颖，其实也无非建立常规。伍德（Wood）和格雷（Gray）将协作定义为一个过程，指"一个问题域中一组自治的利益相关者使用共享规则、标准和心理结构，通过交互过程，就该域相关问题共同采取行动或做出决定"（Wood & Gray，1991，p.141）。如果从纸媒到网络媒体，每个机构的常规各有千秋，那么，这就不再仅仅是个常规问题，而是机构问题了。下一章我们将讨论这个问题。

关卡上的作用力

任何新闻生产都是协作性的工作，不仅仅是在社交网站上，在任何新闻机构中皆如此（Clayman & Reisner，1998）。一个机构中可能有许多把关人，哪怕只是一张报纸、一次播出，或某一时间点的网页，都是集体协作的成果，常规在其中发挥的作用不可小觑。但是，止步于常规，认为常规解释了新闻选择和生产的全部，那就错了，因为常规不能具体说明关卡上的作用力是如何控制信息的出入的。

有些基于模糊的功能主义逻辑的解释说：常规是维持机构正常运转所必需的。布里德就说过："无论从编辑部内部还是从外部看，报纸都保持着顺畅的出版发行。"（Breed，1955，p.333）要避免混乱，就要有机构。换言之，常规来自机构，并满足"机构的需要"（Gans，1979a，p.78）。常规也要满足媒体所高度依赖的精英信息源的要求。

精英机构会组织一些有新闻价值的宣传活动，以推销他们对世界的看法。莫洛奇（Molotch）和莱斯特（Lester）指出：一个公共事件的推出，是因为做推广活动的那些人有这个需求（Molotch & Lester，1974，p. 103）。他们进一步指出，这些需求"常规性地契合"了媒体把关人的机构需求（Molotch & Lester，1974，p. 107）。

社会学的解释是，把关人通过学习选择和制作新闻的标准和规则，完成他们的职业角色社会化（Tuchman，1978）。虽然并不存在一个正式的社会化程序，但是来自官方渠道的机构常规会出现在非正式的社会化过程中。专业伦理和写作体例就是在编辑部内被正式教授并管制的。一旦新闻行业的基本价值观和规范被内化，把关人就会在工作中不断自我强化这些信念和行为（Schudson，2001）。

大多数对常规的研究都强调它对提高效率的作用。新闻机构和新闻工作者常年面对倾泻而来的事件和信息，必须从中挑选并精心制作成新闻。常规可以减少工作量。戈尔丁对这种操作的说法是，有了常规，更容易判断哪些事件易于被受众理解，"技术上更容易处理"，或者比其他讯息"更具备报道的条件"（Golding，1981，p. 75）。西加尔（Sigal，1973）也指出过，新闻内容更多来自常规渠道而非开拓性渠道，开拓要求记者有额外的付出。而官方信息源经常提供现成的信息，因此搜集新闻的效率也更高。人性就是这样，对高效的方式有天然的偏好和适应，费力的事是不愿意做的。

认知也有效率问题。常规有助于加快新闻加工的心理过程。塔奇曼指出："新闻人和新闻机构处理原材料时，用类型化方式减少了需要处理的变量。"（Tuchman，1997，p. 188）框架也是记者"快速处理大量信息"的常规有效方式（Gitlin，1980，p. 7）。心理机制对于常规的维持有一定作用。

最后，还应该提到常规所带来的经济效益。常规可以使员工更快地完成工作，从而降低劳动成本。记者按照常规操作，熟门熟路，可以最大限度地减少风险，避免由于恶意攻击所导致的各种麻烦——从耗费管理层大量时间，到昂贵的法律诉讼。既定的常规使新闻机构可以建立岗位互换制，从而提高经济效益（Bantz，McCorkle，& Baade，1981）。有效率的行为终会得到市场的奖励，不管这种行为是理性追求所得，还是偶然被发现。如果新闻机构相信新的规则长期而言会带来更多的利益（例如，投资一个调查性报道团队以提高媒体的声誉）或者积极的外部效果（例如，引入公共新闻方式以提高公众在公共生活中的参与度），那么他们可能就会弃旧迎新。常规确实是关卡上的作用力，但并不是决定性的作用力。关卡上还存在着其他的动力和阻力。

第五章　媒体机构分析

既然常规是媒体机构运行所必需的，为什么要将常规和媒体机构分为两个层级进行分析呢？这是因为，常规讨论的是很多媒体机构在新闻实践中共享的因素，而本章将讨论各媒体机构各自有些什么不同的影响内容的因素。也就是说，在常规分析中，我们研究跨机构的传播实践共性；在本章，我们描述机构之间的差异所导致的把关结果的不同。此外，在机构层面上，我们还要讨论群体决策对把关结果的影响。

从机构层面研究把关是非常重要的。从表面看起来，个人和常规通常决定了在关卡上的取舍，以及新闻的呈现形态，但是个人是机构聘用的，常规是机构制定的。聘用和解聘是机构最重要的权力之一（Stewart & Cantor，1982），拥有这项权力，就可以决定机构的未来，并改变机构的历史。从机构的角度来看，能够完全代表其利益的人才是成功的把关人。如果一个机构不喜欢关卡的运作方式，就可以通过解雇把关人来解决问题。

机构是"有边界的社会系统，适应生存环境且对之开放，与环境要素相互作用，致力于将输入转换为对环境有影响的输出，并获得反馈"（J. S. Adams，1980，p. 322）。班茨指出，媒体机构是"为传播而建立"的，它不是作为"行动系统"而存在，而是作为"象征性现实"而存在（Bantz，1990a，p. 503）。当一个媒体从众多事件中选择讯息时，它就创建了自己的拟态环境。例如，如果编辑为了报纸——也可能是为了读者——选择不报道一场火灾，那么火灾就没有成为拟态环境的一部分。对于这份报纸来说，火灾就像没发生过一样。媒体本身的性质随着这些选择发生着变化，并不断被其传播行为改变着。

过滤和预选系统

赫希（Hirsch，1970）认为，机构，包括大众传媒机构，是更宏大意义上的社会文化的把关人。他称此类把关为*预选*，并称对所有行业而言，把关都是必要的。"备选的商品总是比实际制造、推销和消费的商品多。"一些机构通过市场测试来决定最终投产的产品，这个测试就充当了机构的把关人。对另一些机构，如流行音乐行业而言，传统的市场研究是不可靠的，它们因此开发了*预选系统*作为替代，用这个系统"过滤所有的产品，确保万里挑一的那一个能引起广大公众的注意"（Hirsch，1970，p. 5）。

每个行业的预选系统的作用和功能都不一样（Hirsch，1970，1977）：*艺术家*提供创意素材，*代理商*相当于*厂商*的星探，负责鉴定素材。*厂商*提供生产所需的资金，*推销商*负责开发并管理市场的预期需求。*把关人*站在行业和消费者之间，决定向大众——也就是最终的消费者推荐或发布哪款产品。有了像iTunes这样成功的在线音乐服务后，歌曲发行的力度大大增强，而在实物的专辑制作方面，投入则减少了很多。这项技术改变了音乐行业的利润结构，导致了这个行业的转型。

机构特征

前面已经提到过，当主流报纸几乎完全置唐宁街备忘录于脑后时，一些替代性媒体却不断发布有关的讯息。这就凸显出主流媒体和替代性媒体两种机构在管理方式、目标、新闻政策、规模、编辑部文化和人员安排等多方面的不同。

前一章讨论过，编辑部的运作方式会影响新闻的选择和制作方式。不用说，编辑部运行方式也是各种各样的。传统的管理方式"强调权威控制、僵硬的指挥系统，以及从经理到下属的自上而下的管理指令"，"强调部门分工、统一指挥和权力集中"（R. C. Adams & Fish，1987，p. 155）。在这种运作方式下，个人在机构中的地位会影响他或她在把关过程中的作用（Hickey，1966）。地位最高的把关人（如发行人或电视台经理）处于中心位置，最受机构重视。在制定可能影响讯息选择的政策方面，无论是书面的还是非书面的，他们都更有发言权。唐诺休（Donohew）发现，发行人的态度与报纸内容之间有很高的相关性。他得出结论说："在新闻频道中，发行人的态度被奉为最高的也是不可挑战的'权力'。"（Donohew，1967，p. 67）乔姆斯基（Chomsky，2006）研究了20世纪中期《纽约时报》发行人和编辑之间的备忘录。研究表明，发行人堂而皇之地干预新闻内容是家常便饭。这项研究还显示出，发行人可以在不告知记者的情况下，直接将自己的意志体现在报纸版面上。

不过，机构政策的执行结果并不总是一样的。对同一项政策，员工可能有多种多样的解释或理解（Gieber，1960）。就个人的把关决策而言，相比那些权力和决策科层僵硬的机构，没有僵硬官僚结构的机构可能允许把关人有更大的自由度。如果一个媒体机构实行科层制，那么较低级别的员工就会试图揣测上级的意图，以增加自己的新闻过关的成功率（Tuchman，1972）——某些记者的报道采用率明显高于其他人可以作为一个例证。

森普特（Sumpter，2000）和另一些研究者指出，编辑部的做法也是与时俱进的。许多关于编辑部管理方式的研究虽然不涉及新闻内容，但仍然可以看出编辑部的运作有很大差异。加齐亚诺和库尔森（Gaziano & Coulson，1988）揭示了威权和民主两种报纸编辑部管理风格。他们发现两家记者的态度或观念几乎没有差异，只是在民主程度较高的编辑部中，记者与编辑相处得更好。埃瑟（Esser，1998）也探讨了两种编辑部风格，即集中型和去中心化型。他发现，这种差别和国别有关。我们将在系统分析那一章中讨论这个问题。R.C.亚当斯和菲什（Adams & Fish，1987）在他们对地方电视新闻编辑部的研究中分辨出了四种不同的管理风格：剥削型威权、仁慈型威权、协商式和参与式。他们发现，施行参与式管理——即工作人员参与管理层的决策、目标设定和控制——的编辑部，稳定性和生产力都比较高。

某些参与方式，如通过团队方式采集、撰写、编辑和/或策划新闻，受到很多编辑部的欢迎。席尔霍恩（Schierhorn）、恩德雷斯（Endres）和席尔霍恩记录了很多报社中团队方式的快速增长。他们发现，"报纸发行量或员工数量可能不同，但是那些采用团队工作方式的报纸，其想法和行为都是一样的"（Schierhorn, Endres, & Schierhorn, 2001, p.13）。拉舍（Russial，1997）曾对《俄勒冈人》报进行过研究，他发现，采用团队方法进行科学和健康报道后，这两类报道登上头版的数量有显著增加，总采用数量也是如此。不过，汉森、纽齐尔和沃德（Hansen, Neuzil, & Ward，1998）的发现完全不同，他们研究了一些用团队方法取代旧的科层制结构进行管理的报纸，记者们对新工作方式感到焦虑，他们觉得日常工作被打乱，个人权威被稀释，报纸质量也因此下降。

不考虑其他因素的话，编辑部的科层制结构会导致记者屈从于报纸或出版商的政策（Breed，1955）。其实老式编辑部的指令性管理方式远没有消失。比斯尔研究图片把关时发现，图片发表要经过多位把关人，如果"发行人对种族平等的看法被编辑部过滤掉了，工作人员对性别、种族和年龄的平等问题就会缺少主动的关注"（Bissell，2000，p.90）。赖斯纳（Reisner，1992）发现，虽然新闻价值被挂在记者嘴边，但是报纸的政策和编辑自己的观念经常会压过新闻价值，体现在新闻选择中。在对2000年总统竞选期间的政论漫画进行研究时，普罗菲特（Proffitt，2001）注意到，大多数竞选漫画是温和、保守的，这意味着关于言论的政策实实在在地影响着漫画的选择和内容。

大多数关于机构的研究声称，政策是由发行人颁布的，但是如果"发行人"是一家公司，那么会怎样影响新闻内容呢？媒体机构的所有权结构是影响政策的一个重要因素。德默斯研究了大公司的报纸和家族企业报纸之间的差异。他发现，各种员工类型在态度上并不存在太多的差异，不过，"公司制的新闻机构，其报道受到更严格的控制和编选"（Demers，1995，p.106）。有几项研究调查了报业连锁经营对编辑部环境和新闻内容的影响。大家的研究结论不尽相同。一方面，加齐亚诺（Gaziano，1989），以及瓦赫特曼、吉尔摩、加齐亚诺和丹尼斯（Wackman，Gillmor，Gaziano，& Dennis，1975）的研究表明，连锁报业和独立报纸支持候选人的方式是不一样的。连锁报业对候选人的支持是比较一致的。格拉瑟、艾伦和布兰克斯（Glasser，Allen，& Blanks，1989）则发现，奈特-里德报业集团旗下的报纸比其他报纸更多地报道了陷入丑闻的总统候选人加里·哈特（Gary Hart）[①]。另一方面，布兰肯伯格（Blankenburg）从经营的角度进行研究后表示，独立报纸和连锁报业"对报纸收支趋势，以及所有权区分的关注是一样的"（Blankenburg，1995，p.639），版面分配却有所不同，独立报纸分配给新闻评论的版面更多。把几项研究结论综合起来看，所有权结构能

[①] 加里·沃伦·哈特（1936— ），美国政治家、外交官和律师。他是1988年民主党总统候选人提名的领先者，因涉嫌婚外情而退出竞选。1975年至1987年，他在美国参议院代表科罗拉多州。——译者注

够部分地解释报纸在支持候选人方面的差异，但对其他内容差异解释力不足。

谁拥有媒体机构——独立的或者由公司或连锁企业拥有——这一特征只能反映媒体目标的差异。一些媒体以经济市场为导向，追求利润最大化；而另一些媒体则以意见市场为导向，追求宣传的或公共服务的目标。采用市场调查方法发现消费者内容偏好的，往往为利润所驱动或者说以利润为目标（Beam，1998），因为市场调查的逻辑就是满足读者的需求。但也有许多新闻媒体有完全不同的目标，他们要充当社会公器，坚持历史上传承下来的专业新闻规范（McManus，1994）。但这真的能解释内容方面的深刻差异吗？到目前为止，没有一致的结论。

有些影响是可以看得到的。研究表明，市场驱动的报纸利用市场调查结果创建了满足消费者兴趣的特殊版面，或提供有针对性的内容（Attaway-Fink，2004；Beam，1998）。相较于以公共服务为导向的媒体，以市场为导向的媒体"成比例地减少了有关政府和公共事务的报道，增加了有关私人生活、生活指南、体育和娱乐的内容"（Beam，2003，p.380）。麦克玛纳斯（McManus，1994）的研究也得出结论说，与专业规范驱动的媒体相比，市场驱动的电视台新闻信息量少，导致了公众理解能力的下降。电视本来就有图像优于思想、情感优于洞察力和分析的倾向。市场导向也体现在编辑部的运作方式上，例如，记者与广告等报社其他部门工作人员互动更多（Beam，1998）。不过也有研究显示，高度市场导向的媒体与非市场导向的媒体在内容上有许多惊人的相似之处。比姆（Beam，1998）就得出结论说，市场导向的报纸仍然对"公共事务内容"和"新闻卓越性"保持着坚定的信仰。所谓"硬新闻"或"公共事务新闻"在高度市场导向的报纸上保持了相当大的数量（Beam，2003）。

在本研究中，"市场驱动"和"市场导向"这两个术语经常互换使用。媒体机构必须认真对待市场研究，不过一些新闻媒体对市场调查结果的反应不同于其他媒体。比姆（Beam，2002）指出，一个媒体机构市场导向的强弱是管理目标或机构目标问题。管理目标实现与否攸关机构业绩。德默斯的研究表明，实现了组织决策合理化的报纸——通常是公司（非家族的）制的报纸——一般来说能够实现既定目标（Demers，1996），他们的目标"包括不过分强调利润，追求高品质的新闻"（Demers，1995，p. 106）。具有讽刺意味的是，与其他报纸相比，公司制的报纸在某些方面反而不太受市场的影响，这显然是因为它们的组织结构更合理，而这种组织结构可以使它们与市场需求保持距离（Benson & Neveu，2005）。

除了经济利益外，新闻机构可能还有各种各样的目标，这些目标最终都会落实在媒体内容上。赫希（Hirsch，1981）指出，一些媒体机构把重心放在信息的创作和生产上（例如报纸），而另一些可能重心在于传播信息（例如播放热门音乐的电台）。这两种类型的机构都是"思想和符号的把关人。文化的变迁和创新通常发生在生产部门，然后由发行部门向广大公众宣传和传播"（Hirsch，1981，p. 187）。

媒体机构的规模可能也是把关过程中一个起作用的因素。例如，与小型报纸相比，大型报纸可能要求它们的把关人更守规矩，不要自行其是（Bergen & Weaver，1988；Demers，1994；Trayes，1978）。人手不足的报社，只能有什么讯息就处理什么讯息。如果兵强马壮，就可以把把关程序向前延展到新闻刚露头的时候，这样一条报道的采写就可以得到全程把关（Gieber，1960；Whitney，1981）。不过，兵强马壮并不意味着一定比其他报社投入更多。拉姆西（Ramsey，1999）研究八家报纸的科学报道时发现，资源多并不意味着资源的多样性使用。

媒体机构规模的大小不仅对独立媒体的内容有影响，对连锁经营的媒体也一样。阿哈万-马吉德（Akhavan-Majid）和布德罗（Boudreau）揭示了规模对连锁经营的报纸和独立报纸的不同影响。他们认为，对连锁经营的报纸来说，规模是"编辑部价值"的重要决定因素（Akhavan-Majid & Boudreau，1995，p. 871）。安（An）和伯根（Bergen)的一项问卷调查则显示,"小型连锁报纸的广告总监……比大型独立报纸更容易感受到来自广告商的压力"(An & Bergen, 2007, p.119)。

媒体机构的文化是通过把关行为建构的,也反过来影响把关行为。班茨(Bantz, 1990a)说,"精英"机构可能会用精英或非精英的标签定义工作人员(例如,"明星"和"专家")。这种机构文化会影响从业者更多按照机构内部标准做决策,因此,外部,也就是来自其他媒体机构的报道或新闻稿很少被采用。在这样的机构中,还会发展出一种集体意识,形成对新信息的机构解读(Weick, 1979)。

这就是为什么全国联播电视网这样的精英机构对国际新闻的处理与地方电视台不同。全国性电视台比地方电视台更看重外国新闻。金(Kim, 2002)发现,联播网的记者对国际新闻的看法不同于他们的地方同行。联播网记者具有全球视野,愿意选择主题多样的国际事件,而地方电视台只在国际新闻与当地社区发生关联时才予以报道。金总结道,记者的"思维方式是与机构的组织结构和目标相匹配的"(Kim, 2002, p.449)。张和李(Chang & Lee, 1992)也指出了传播机构之间选择国外新闻的差异。他们注意到,不同的编辑政策、可用版面的多寡,以及选用的通讯社都影响到把关结果。伯科威茨的看法是,地方电视新闻的把关在一定程度上受制于"资源限制和播出编排这样的机构要求",以及新闻机构的"群体动力"(Berkowitz, 1990b, p.66)。

其他机构特征,如女性或少数族裔的比例,也可能对新闻产生影响。克拉夫特和万塔(Craft & Wanta, 2004)研究了报纸编辑职位中的女性比例是否影响议程设置和报道重点。在女性编辑比例较高的报社,男性和女性记者的报道主题差不多;而在女性编辑比例较低的报社,男性和女性记者会报道不同的主题,男性更可能报道政治议题,女性更可能从事教育报道。还有其他一些影响新闻选择的编辑部特征。例如,有些电视台人员稳定,有些流动性大;有些拥有稳定的节目编排,有的变来变去;有的聘请顾问,有的则自己来(Adams & Fish,

1987)。

媒体机构的性质——报纸、地方分社、通讯社——也会造成新闻内容选择差异。菲科和弗里德曼（Fico & Freedman，2001）发现，不同机构使用的资源是不一样的。他们指出，出自竞选团队的州长竞选新闻，信息多依赖专家、"竞选"大纲，以及不署名的新闻来源。媒体或通讯社则不同，媒体新闻更多来自候选人声明。

纸媒机构各不相同，生产的新闻内容也不一样，而不同类型的媒体之间的把关常规差异就更大了。电视台的把关人可能更看重良好的视觉效果（Abbott & Brassfield，1989），报纸记者则比电视同行拥有更多的自主权（Pollard，1995）。有研究发现，通讯社编辑在截稿前会减缓接收稿件的速度，这可能是因为他们提前完成了任务，只需要为突发新闻保留足够的空间即可（Jones，Troldahl，& Hvistendahl，1961）。网络博主们的常规与传统媒体不同，他们和拥趸保持观点一致、使用非精英的信息源，与他们的报纸和广电同行相比，在特定新闻议程上停留的时间更长（Lowrey，2006）。简而言之，机构常规是因媒体形态而异的。

不过，因此得出结论说媒体形态决定了机构常规，也有些夸大其词。汉森、沃德、康纳斯（Conners）和纽齐尔发现，采用新信息技术的报纸能够更方便快捷地找到更多信息源，不过，这些信息源其实仍然再现着"传统的权力结构和新闻框架"（Hansen，Ward，Conners，& Neuzil，1994，p.567）。也许更应该研究的是新技术影响新闻机构的方式（Johnsen，2004）。很多研究强调，机构环境对于在新闻生产中融合新技术非常重要。博茨科夫斯基（Boczkowski，2004）就展示了三家拥有网络版的编辑部如何以不同的方式拥抱了相同的技术创新。编辑部的组织环境可以折射出其采用新技术的独特方式。传统编辑部在网络编辑部中的存在方式会导致对新技术的采用方式不同。而网络版是沿用传统的编辑部控制策略还是由用户生成内容，当然意味着不同的新技术采用方式。

机构边界角色

正如亚当斯（Adams，1980）所见，边界是由一系列保持媒体机构与环境之间联系的行为所构筑的，这些行为包括物资采买、联系信息源、过滤机构的进出信息、从外部搜集信息、对外代言，以及保护机构免受外部威胁等。从事这些工作的人就是*边界角色人*。他们之中负责过滤输入、输出信息的就是把关人。美联社的编辑决定向订户报纸发送哪些讯息时，过滤了输出信息。报纸编辑决定采用美联社讯息时，过滤了输入信息。

从这个视角来看，把关相当于媒体与其外部机构之间一系列的输入输出交易。传播机构输入引起关注的事件讯息，*输出*写好待传输的新闻。在此端，边界角色人根据机构内部标准挑选输入的讯息；在彼端，边界角色人根据外部机构的需求标准从写好的新闻条目中选出要输出的新闻。例如，通讯社记者从各种渠道获得信息，并根据用户的标准选择、撰写将发往媒体机构的讯息。讯息进入通讯社后，面临一系列的加工——编辑、重写、添加或删除材料、添加或删除重点等等，然后变成可以被发送给客户的一组新闻。媒体机构也是按照这个路数，根据自己客户的标准在输入的讯息中进行选择、加工，并发送。通讯社在加工和评估新闻时要参照客户的标准，同理，媒体的广告总监也会按照广告客户的眼光来评估新闻，有时候还会要求广告客户标准优先（An & Bergen，2007）。

与前一章所采取的媒体常规视角相比，这种观察视角得出的结论是不同的。从常规视角考察通讯社和报纸选择模式相似性（例如，Gieber，1956；Hirsch，1977；McCombs & Shaw，1976；Todd，1983；Whitney & Becker，1982），研究假设是，通讯社发新闻，报纸无条件地接受。通讯社是因，报纸是果。而采用机构边界视角的研究则假设，在某种程度上，通讯社发送新闻的标准是：它认为报纸想要的。报纸是因，通讯社是果。

怀特尼和贝克尔（Whitney & Becker，1982）的研究间接支持了这种机构说。他们发现，通讯社编辑发布的各类新闻，只是报纸编辑选择的线索，没有证据表明通讯社编辑和报纸编辑拥有共同的基本新闻价值标准。他们的结论是，"在通讯社发布的讯息中，只有股票类'不经批判地'被报纸和电视新闻接受"（Whitney & Becker，1982，p.65）。从边界角色理论来看，报纸接受通讯社发来的新闻并不是因为报纸编辑不挑剔，而是因为通讯社编辑知道报纸编辑想要什么。表面上看起来，通讯社和报纸的取舍标准一致，那只是因为通讯社向报纸提供的是它确知报纸想要的。通讯社根据各媒体不同的新闻价值标准提供不同的稿件，因为通讯社编辑自身的新闻价值观只影响自家的讯息输入，而他对报纸编辑价值观的认知影响着通讯社对报纸的供稿。这么看的话，很可能通讯社编辑们的新闻价值观不同于报纸编辑，但从供稿模式上看不出来。

1954年，卡特利普（Cutlip）研究了美联社向报纸传送信息的技术变化，特别是从全大写的电传机[①]（teleprinter wire）到纸带穿孔的电传打字机[②]（teletypesetter），以及这种变化如何影响了威斯康星州几家报纸的新闻组合。由于这一技术变革，好几家报纸的地方新闻比例下降，美联社电讯稿用量增加。虽然卡特利普认为报纸编辑主导了这种变化，但是他并没有解释为什么技术上的改变会导致地方新闻的减少。从边界角色的视角看，报纸使用更多的美联社电讯稿，是因为美联社突然更好地满足了报纸的需要。

[①] 一种机电设备，可用于通过点对点和点对多点配置的各种通信信道发送和接收键入的信息。最初它们被用于电报。——译者注

[②] 即订户报社安装的带纸带穿孔机（"复孔机"）的电传打字机。最初，这些机器只需在纸带上打孔，这些纸带可以被安装在印刷机上的"电传打字机操作单元"上的磁带读取器读取，根据从磁带上读取的代码按下相应的键，从而产生打印在报纸和杂志上的字体。后来可连接到小型计算机或大型计算机上进行存储、编辑，并最终传送到照排机。——译者注

虽然在边界行为理论看来，把关人是遵从他人规则，即按照本机构或外机构的标准选稿，但是在使用标准时，总会发生一些偏差，亚当斯称之为"过滤错误"（Adams，1980，p.338）。从机构的角度看，无论是选入还是发出，只要偏离既定的规则就是错误的。误报既包括选入的错误，也包括发出的错误。这种情况一般发生在"慢"新闻的时段。正如斯坦普尔（Stempel，1989）所指出的，周末是政府关门的日子，这也意味着新闻比较少，在这种情况下，一些勉强达标的报道就可能蒙混过关。应该接收或发出的讯息反而被拒，这就是漏报。典型的例子是，一位编辑可能认为某新闻发布会不重要，所以没有派人参加，结果从竞争媒体的报道中发现错过了重要讯息。

媒体认为这类错误带来的既有直接损失，也有机会成本（Adams，1980，p.338）。研究表明，一般来说，漏报多于误报，因为把关人在取舍新闻时，常常会发生忽略、夸大和系统性偏差（Adams，1980，p.340）。

很多跨边界角色研究是关于公共关系从业者的——他们是需要发送信息的机构和需要信息供给的新闻媒体之间的中介。安克尼和柯廷（Ankney & Curtin，2002）对宾夕法尼亚州的报纸编辑和心脏外科医生进行过一项问卷调查，借此研究医疗公共信息官员在媒体医疗报道中的跨界作用。大多数心外科专家和编辑认为，医院应该设置正式的机构以处理与报纸的关系，但实际上医院和报纸两方都不允许公共信息官员在记者访谈医生时进行监控。这项研究表明，编辑们能够理解医院公共信息官员是跨界联系人，但他们痛恨依赖医院的公关人员来获取信息，因为这会妨碍他们做自己独立的研究（Ankney & Curtin，2002，p.239）。公关人员能做的就是在医院的信息输出需求与编辑的输入需求之间搭建桥梁。

媒体机构内的社会化

个体学习机构规范和价值观的过程被称为机构内社会化，这是个多阶段过程（Jablin, 1982）。首先是入门前或预期的社会化，这关乎个体对工作形成什么样的期待。接下来是冲突阶段，员工刚进入机构时，会时不时感觉到角色冲突，这是期待与现实之间的不适应。最后进入蜕变阶段。在这一阶段，人们试着成为机构正式成员。新成员需要形成新的自我形象，建立新的关系，接受新的价值观，学习新的行为方式（Jablin, 1982）。否则的话，就走人了事。

布里德的《新闻编辑部的社会控制》一文（Breed, 1955），考察了记者如何通过学习编辑部政策以完成机构内社会化。记者通过观察和体验学习什么是新闻价值（或者说是被老板认可），以及如何避免诽谤诉讼和来自同侪的批评。用塔奇曼（Tuchman, 1972）的话说，他们还学会了保持客观性的策略性仪式。这个社会化过程，也就是专业化过程，西加尔称，这个过程赋予新来者"所有记者共享的价值观语境"（Sigal, 1973, p.3）。各媒体机构的新闻价值观是有差别的。金（Kim, 2002）对电视记者的分析表明，同一编辑部的记者可能拥有共同的国际新闻标准。他研究的六位有线电视新闻网（CNN）记者对国际新闻报道的态度或价值标准是相同的。

当需要做出把关决策时，共享价值观的作用就浮现出来了。这时候，把关人的决策依据中既含有个人标准（个人层面），也有体现为专业判断的传播工作常规（常规层面），还有源自机构内社会化的机构观念。按认知启发的说法（Kahneman et al., 1982; Nisbett & Ross, 1980），把关过程中判断的构成兼具个人经验，以及专业和机构的实践。

在某些情况下，员工的机构内社会化可能只是"表面的"——员工为了保有工作，隐藏了自己的价值观，甚至可能另存心机。A. 肯特·麦克杜格尔（A. Kent MacDougall）就是这样一位记者。他现在是一位新闻学教授。他说，在《华尔街日报》工作的10年中，他隐瞒了自己的社会主义观点（Reese，1990）。他写道："我事先就确保我所访问的专家，都是一定会支持我的观点的……当我寻找主流权威人士时，一定找那些对我所支持的观点予以认可和尊重的。"（MacDougall，1988，p. 23）针对他的表述，《华尔街日报》称，报社严密的编辑流程会制止这样的操作——这就是常规的作用。

从众思维

影响把关人决策的另一个因素是媒体工作者的群体动力，特别是他们的社会凝聚力强度。贾尼斯（Janis）创造了从众思维一词，"意指当人们深陷一个有强大凝聚力的群体之中时，会采取的思维方式"，此时与群体保持一致的压力远比独立思考的压力大。"从众思维关联着由内群体压力导致的心理效能、现实判断和道德判断能力的退化"（Janis，1983，p. 9）。贾尼斯的核心观点是，当一个机构的文化强调员工之间的友好关系时，也就创造了"独立的批判性思维被从众思维取代"的环境。此外，内群体凝聚力可能会造成对外群体的"非理性、甚至非人性的行为"（Janis，1983，p. 13）。

把关人是否会屈从于从众思维？这在很大程度上取决于记者是否与机构内的其他人形成了一种有凝聚力的关系。贾尼斯认为从众思维有三种表现。第一种表现是，群体成员高估了群体的力量和道德水准。如果记者们自我感觉坚不可摧，那么他们可能会比正常情况下更冲动。一些记者认为自己受到宪法第一修正案的保护，另一些记者则确信自己不会受到身体伤害。结果，前者有时因为没有能够提供法官要求的笔记而被关进监狱，后者在战区被杀害的例子更是不胜枚举。记者们也可能认为自己的行为本质上是符合道德标准的，因此，不去质疑行为的伦理后果。新闻工作者常常用公众"知情权"作为违反伦理标准的挡箭牌，这是他们为负责任的公民生产其所需要的新闻的道德基础。

第二种表现是拒绝思想的开放。记者们可能会故意忽略那些不合乎自己预想的信息，并把所有的批评者都视为邪恶、软弱或愚蠢的。如果新闻工作者认为自己有权裁判什么是公众所需要的信息，他们就会对不同观点视而不见。

第三种表现是，群体会对个人施加压力，要求个人与群体保持一致。群体中的大多数人的决定被认为可以代表全体，每个成员在产生疑义时，会先自我审查。如果某个成员有异议，其他成员就会直接施压。有些群体成员会扮演精神卫士的角色，以保证群体的一致性。在传播工作者中普遍存在着思想统一的压力。记者们确实偏好与同行交往（Johnstone，Slawski，& Bowman，1972），而不爱与非媒体人打交道。在编辑部会议决定了报纸对某事务的报道政策之后，记者们有通过观察其他把关人的行为来验证自己的选择的强烈意愿，"群发新闻"①（pack journalism）就是这样来的（Crouse，1972）。记者们总是要不断地验证自己的选择。伯纳德·科恩（Bernard Cohen）曾形容驻外记者的工作就是"搭帮结伙四下寻觅，每个人还各自钻营，希望在这个广阔的领域中，通过自己那狭窄的渠道能找出一个与众不同的，或原创的，或首发的新闻"（Cohen，1963，p.83）。

从另一方面来看，从众思维的发生还需要三个条件：其一，群体相对独立，缺少选择性的信息源或评估依据。其二，群体的领导者利用手中权力和个人威望影响群体中的其他人。其三，决策标准缺失。如果一个把关人掌握的信息源有限，那么他或她可能陷于孤立，这时候就容易受到从众思维的影响。但是在 21 世纪，很少有记者能自外于

---

① 群发新闻是指不同新闻机构的记者在获取新闻线索和信息源时互相依赖，造成同质化的报道。——译者注

互联网世界。至于领导者的影响，大多数传播机构是科层制的，高层管理者把他们的决定强加给下面的人是很常见的。但是机构内的很多规定就是为了指导把关人将上司的影响降到最低。这样一来，只有在一种条件下才会发生从众思维，那就是决策常规缺位。塔奇曼认为，尽管大多数编辑部有"处理意外事件的常规程序"（Tuchman，1997，p.173），但是总会有超出预料的事件或讯息出现。当具有高新闻价值的意外真的发生时，记者最容易陷入从众思维的陷阱，因此也最有可能基于错误的假设描述事实。当记者获得较多的外部信息时，从众思维效应可能会减弱。

关卡上的作用力

在机构层面存在着影响媒体内容的多种作用力。有些文献强调，某些重要岗位对媒体内容有决定性的影响，以此解释各个机构之间的差异。机构的结构是根据管理者和/或所有权人的目标而建立的，可以想见，新闻内容必然反映他们的工具性目标。就是根据这一假设，批评者指责新闻媒体为利润或管理层的贪婪所驱动（例如，Herman & McChesney，1997）。确有证据表明，新闻内容带有管理者和所有权人的印记。不过，管理层可以用外部因素为之辩解，例如，他们说，设定保守派或自由派的内容，是为了实现市场细分——这样就淡化了机构的作用。

媒体机构内还有其他一些影响内容的力量让管理层和所有权人对内容不能从心所欲。很多机构特征——从管理样式到机构规模，再到员工的性别构成——都会约束机构，甚至削弱主管人员的权力。一个小型独立电视台的管理部门也许想要影响全国政治，但是它的资源有限，不允许它实现这一目标。这包括有限的财政资源、有限的专业知识、有限的播出能力等等，都是不可克服的障碍。

把所有人团结在一起，携手完成任务，这是管理层需要面对的重大工程。一般来说，工作场所具有一种影响力，能够让员工自觉或不自觉地掌握机构的工作方式。布里德（Breed，1955）解释了把关人学习机构目标、价值观和工作程序的多种方式。机构会提出一些明确规定要求个体遵守，也有一些规定需要新来者在微妙或直率的沟通中习得。新来者对经验丰富的前辈由衷钦佩，希望升职，或者害怕来自高层的惩罚，这些都是融入过程。社会化就是把关程序的内化。行为可控的把关人队伍就是这样建立起来的。

然而，社会化并不意味着从业人员对把关完全无所作为，也不会造成事无巨细的管理。当把关人意识到甚至开始怀疑这个社会化过程时，可能会主动对之进行抵制。如前所述，一位《华尔街日报》记者就曾利用自己的职位，违反编辑方针，偷偷按自己的常规行事，以此反抗编辑部的社会化。管理部门可以采用雇佣和解雇把关人的方式对付抗拒社会化的雇员。公然的反抗是不被容忍的。

社会化也会带来意想不到的后果，以管理部门无法预料的方式影响内容。例如，一家公司本是以利润为导向的，但是由于它的高度理性化倾向，它可能会放弃一些带来最大利润的行为。由于社会化，机构文化得到加强，以至于它也成了一股把关的力量。例如电视台扶持某位记者或主播成为明星，围绕他们建立了新闻编辑室，这些记者或主播就此成为拥有权力的核心人物，而他们使用权力的方式可能是机构不曾预料到的。

如果社会化"太成功了"，那么随之而来的必然是从众思维，以及相应的思想和行为错误。根据群体动力学，群体动力可以强大到改变个体的理性。我们看到，机构是一个人造环境，但它也拥有自己的生命，它也是关卡上的一种作用力，它既能满足，也能挫败人类行动者的意图。

第六章　社会机制分析

我们把把关定义为传播机构和传媒人的活动,但我们也认识到,传播机构是与众多社会机制共存于社会之中的。很多社会机制能够影响把关,我们将讨论其中几种,揭示它们如何以各自的方式影响媒体选择和打造讯息。

市场

对营利型机构来说,把关是收益最大化整体过程的一部分。市场是调节供需平衡的机制,新闻媒体满足市场需求,市场就给予奖励(Alexander, 2004; Hoskins, McFadyen, & Finn, 2004)。无论市场需要的是耸人听闻的新闻,还是经政治粉饰的事件,媒体总是有求必应。结果是,提供耸人听闻的新闻或操纵政治新闻的媒体因此获得了丰厚的经济回报,而不提供这些商品的媒体则获益较少。只要媒体寻求的是利润最大化,媒体内容就一定听由市场摆布。

这是简单的媒体经济学，而且是有经验研究证明的。根茨科和夏皮罗（Gentzkow & Shapiro, 2006）分析了400多家美国报纸的"偏见"程度。他们发现，偏见与市场的关系远比与媒体所有权的关系紧密。他们的结论是："消费者需求充分反映了报纸对读者观念的迎合，这意味着经济激励是报纸比照消费者观念裁剪自身倾向的诱因。"（p. 43）

不过，几乎所有学者都承认，媒体经济学比它表面上看起来的样子要复杂得多。最麻烦的是媒体市场的定义。媒体是一个"双重产品市场"（Napoli，2003，p. 4）。一般来说，媒体企业向受众销售媒体产品，同时向广告商销售受众（Baker，2002，p. 11）。这两个市场的需求有时候不尽相同。要理解市场如何决定媒体内容，首先要搞清楚媒体市场到底是怎么回事。而如果考虑到在受众和广告商这两个市场之外，还有其他市场，那么媒体经济学可能会变得更加复杂。麦克玛纳斯（McManus，1994）曾指出与媒体相关的另外两个市场，即股票市场和信息源市场。媒体公司和媒体集团必须密切关注内容决策对其股票价值的影响。而且，由于媒体交易的是信息，做内容决策时也要满足供应商（如信息源）的要求。

媒体市场的一个关键要素是市场中媒体的数量。由于供需调节是通过竞争实现的，竞争实力最终会影响到供给，也就是说，实力是关键。罗斯（Rosse，1980）曾经提供了一个报纸竞争的伞形模型，其中都市日报、卫星城日报、郊区日报和周报在同一个市场中各自扮演着不同的角色。后续研究发现这类竞争已经消失，但市场细分仍在进行中（Bridges, Litman, & Bridges, 2002; Lacy, Coulson, & Cho, 2002）。例如，哈洛克（Hallock, 2006）就发现，在一些仍存在竞争的市场中，言论版还能看出不同。

巴格迪基安（Bagdikian, 2004）按年份记录了许多媒体市场的垄断状况。没有直接竞争对手的日报或周报可以逃脱市场本应具备的"惩罚"。他总结说，垄断不仅导致内容减少，而且导致政治和社会观点多样性的退化。电视新闻市场经常被描绘为寡头垄断的市场（Bagdikian，2004；Litman，1980；Moran，2006；Prisuta，1979）。每个市场都有几大联播网的附属台，提供的内容大同小异。也有一些人认为，因为媒体越来越多、来自其他媒体的竞争越来越激烈，以及节目的分众化，寡头垄断已经不是严重问题。鲍尔（Powers，1990）的看法是，市场上出现了更多的卖家，而不是垄断加剧。每个卖家都切割出自己的细分市场。这样的市场结构导致了媒体内容的差异化，例如，电视台不仅在专题和人情味报道上各显身手，新闻也很少重复。鲍尔还指出，一些电视台还延长了它们的新闻节目，以此显示与其他电视台的不同。为特定生活方式的群体提供不同语言风格的服务也是电视台进行市场细分的手段之一（Niblock & Machin，2007）。不是每个人都愿意承认媒体的后寡头市场时代已经到来。巴格迪基安承认有分化，但他说，五家主要的媒体公司像是一个企业联盟（卡特尔），在某些方面竞争，在某些方面合作。他总结道："主要媒体间维持着卡特尔式的关系，它们之间只有细微差别。由于这种关系，这些公司自身都活得很好，但却人为限制了大多数美国人的媒体选择。"（Bagdikian，2004，p.7)

　　市场份额的竞争依然存在，在很多电视市场甚至很激烈。制造轰动效应是一种竞争手段（Vettehen，Nuijten，& Beentjes，2005）。在哈蒙（Harmon，1989）的研究中，一位地方电视新闻的把关人承认，他们在每个收视率调查周①都策划耸人听闻的、与性有关的节目，以求扩大市场份额。埃利希（Ehrlich，1995）在一个拥有更大市场的电视台也发现了类似的行为，在收视率调查周的节目管理备忘录中，低俗内容被加亮突出。不过，埃利希也发现过一个拥有中等规模市场的电视台不太愿意在收视率调查周播出耸人听闻的节目。

　　轰动效应并不是媒体市场竞争的唯一结果，事实上，根据市场理

---

① 即尼尔森收视率调查。——译者注

论，竞争应该导致创新，而不是千台一面。一些研究证实了这一理论。例如，有研究显示，新西兰媒体向竞争市场的转变导致了新闻来源更加多元，非精英来源和开拓性来源明显增加（Comrie，1999）。挪威的一项关于新闻媒体商业化的研究也显示，商业化刺激了调查性新闻的增长（Rolland，2006）。

在上面提到的许多市场分析中都可以看到，市场的作用因时间和地点的不同而不同。近年来最显著的新闻市场变化之一是互联网的兴起。不断高涨的商业主义引发了人们的关切，人们不仅关注市场竞争的此起彼伏，也关注随时间推移而改变的新闻媒体与市场的相对隔离（Kuttner，1997）。这些历史性的变化有时是政治经济的作用，所以后面我们还将讨论政府的角色，在关于社会系统的一章中也会涉及此问题。

受众

在美国和其他晚期资本主义或后福特主义经济体中，受众被认为既是市场又是商品。受众的规模和构成对于媒体把关人之所以重要，是因为受众注意力是被卖给广告商的产品。如果媒体不能提供受众想要的，那么可向广告商出售的"产品"就会减少。受众调查或收视率调查不仅测量了内容是否吸引大量受众，同时也测量了可出售给广告商的受众数量（Napoli，2003）。这个极简的经济逻辑告诉我们，受众得其所愿——决定了内容，也就成了把关人。之所以新闻里充满了"犯罪、车祸、奇闻逸事，以及'有用的讯息'（news you can use）"，是因为新闻媒体竭力满足受众，以求最大限度地扩大受众市场份额（Allen，2005）。

进一步的分析指出，受众是一种复杂的市场经济模式。其复杂性源自受众的特征。有关受众的直接信息并不多，把关人只能依赖于受众调查和对受众的预期（Napoli，2003）。靠对受众的预期做出把关决策，总是充满了不确定性，因此有一定的风险。"媒体机构不可能对单个媒体产品的受众规模和构成进行准确预测，所以只能模仿已经被证明成功的产品。"（Napoli，2003，p.62）就新闻报道而言，这几乎意味着犯罪和车祸是最可靠的选择。最终，满足受众更多地还要依赖把关常规，而不是客观的市场调查。

学界对受众是否可以被认定为市场有不同意见，同时对受众能否影响把关决策也各执己见。吉伯认为，新闻选择"与读者需求没有直接关系"，传播机构内部的社会化才是重要影响因素（Gieber，1960，p.204）。唐诺休（Donohew，1967）也发现，社区意见并不能影响把关人的行为。而普尔和舒尔曼（Pool & Shulman，1959）则指出，参照群体理论有助于解释受众对传播者的影响："发送的讯息在一定程度上取决于对受众反应的预期。因此，受众，或者至少是*传播者想象的受众*，在传播过程中不完全是被动的。"（Pool & Shulman，1959，p.145，*重点为原引文标注*）哈丁（Hardin，2005）的一项问卷调查支持普尔和舒尔曼的观点。这是一项关于女子体育项目报道的问卷调查。调查显示，报纸体育版编辑选择内容主要是基于他们自己对读者兴趣的判断，而不是实际的读者群。哈丁认为，这种受众意识其实是个人看法和（男性）霸权意识形态的反映。这个分析已经指向了受众概念之外的范畴。

在普尔和舒尔曼的研究中，好新闻的报道比坏新闻要准确，这可能是因为好新闻的传播被视为对受众释放善意，并能得到感激。他们推测，记者可能担心坏新闻会疏远受众，因此，"会扭曲坏新闻以便削弱它的棱角，或者因为不得不报道坏新闻而引发焦虑，从而导致效率降低"（Pool & Shulman，1959，p.156）。法赫米（Fahmy，2005）最近对摄影记者和图片编辑的调查支持了对受众的这种顾虑，被调查者认为：对阿富汗战争和"9·11"事件受难者的图像报道受到读者批评的影响。

吉伯说:"设想……新闻工作者对读者有真切的了解是很愚蠢的。"(Gieber,1963,p.9)但是他也说过,那些接受了受众价值观和感受,也就是*内投射型*的新闻工作者,会受到他们所理解的观众需求的影响。记者接受受众的价值观和感受,改变自己的认知系统,这就是内投射。而投射型记者先行假定受众的价值观和感受与自己相似。投射型把关人根据自己的个人判断选择内容,并假设受众能够接受。内投射型把关人——数量可能较少——"捕捉"受众的关注点,在把关过程中更多考虑他们所了解的受众需求,而不是自己的价值观和感受。

组织理论中有一个边界行为(Adams,1980)概念,根据这个概念,执行*输出*任务的把关人——负责在备选项中选择新闻,发给受众——是根据媒体机构之外的人(包括受众)的标准做出选择的。因此,把关人对受众需求的看法在决策时十分重要。这一想法是由韦斯特利和麦克莱恩(Westley & MacLean,1957)较早的时候提出的。媒体把关人(本书第10页图1.3中的C)为什么要向观众提供他们需要或想要的讯息?因为只有满足了受众需求,大众传播媒体才能存活。许多媒体在竞争受众注意力,最能满足受众需求的就是最成功的(另请参见本章有关市场的部分)。媒体实际上是受众的代理人,为受众提供扩展的环境信息(Westley & MacLean,1957,p.34)。报道外国新闻的记者在为他们的信息选择辩护时就说,"我们的新闻是按需定制的,我们知道公众想要什么",尽管他们对公众需求的想法差异很大(Cohen,1963,p.125)。

金(Kim,2002)做过一项调查,内容是美国电视记者对国际新闻的态度和选择标准。他发现,地方记者根据观众需求选择报道内容,选择国际新闻也是从地方视角出发的。国际新闻现在是濒危物种,对于国际新闻的短缺,有记者辩称这是对受众需求状态的反应——因为受众没兴趣,所以根本不需要报。

广告商

对于那些主要靠商业广告支持的大众媒体而言,广告商对其内容,包括内容选择和报道方式都有实质性的影响。正如阿特休尔(Altschull)所言:"报刊内容与那些资助媒体者的利益直接相关。报纸是风笛吹奏者,曲子是那些付钱给吹奏者的人写的。"(Altschull,1984,p.254)大众媒体的把关人,无论是选择娱乐性内容还是新闻性内容,都要既考虑吸引大量受众,又要顾及广告收入最大化。不过,受众的力量并没有看上去那么大。

前面提到过,对媒体来说,受众和广告商都是市场。但是,与广告商相比,受众能够影响内容的手段较少。贝克(Baker,2002)从几个方面讨论了广告商对内容的影响:预算、媒体常规,以及报道方式。"受众评估媒体产品有多种方式,但是他们对于什么是好的媒体产品,认识参差不齐。这两个特点,让媒体的另一个购买者——广告商更有机会对内容上下其手,使之偏离受众想要,却最难获得的那些知识。"(Baker,2002,p.14)可以看出,受众并不总能得到他们想要的,广告商的权力才是实实在在的。

事实上,笼统使用"受众"这个词是个误称。当我们从一个巨大市场的受众概念转向数个较小的目标市场的受众概念时,可以看到受众的重要性是不一样的(Baker,2002)。广告商以购买力评估受众,年轻受众的品牌忠诚度通常较低(Turow,1997)。一些报纸为培养高收入读者,"专门设计了有针对性的新闻内容,大力向预期目标受众最多的社区发行"(Fink,1989,p.40)。根据图罗(Turow)的研究,媒体正是因此而充斥了"特定生活方式的新闻(和)信息"(Turow,1997,p.4),以及"广告企业所描述的理想世界的愿景,而非反映各种相互竞争的观点"(Turow,1997,p.3)。这里要问的是:如果广告商对内容的影响力更大，那么其影响力是如何作用的？

广告商拿着钱袋提要求的时候，就能直接影响新闻内容。有证据表明，许多报纸在广告商的压力下删除或改变了新闻内容，来自房地产和汽车广告商的压力最大，这可能是因为它们的报纸广告量最大（Soley，2002）。广告商对电视新闻的压力也很大，不过联播网的记者表示，压力相对较小（Price，2003）。施加压力有多种形式。最直接，据说也是最常见的是在新闻内容不称意的时候撤广告（Kaniss，1991）。其他施压形式包括：广告商联合抵制媒体，利用所控制的零售点阻碍发行，以及制定规则，提前警告敏感的内容类型。得罪广告商的后果也是多种多样的（Soley，2002）：被撤稿，冒犯广告商的内容被藏在最不容易被看到的角落，冒犯广告商的记者被解聘，发布正面或吹捧的报道，整个部门——如汽车版——被并入广告部，以及把关人进行自我审查。

很多行业调查显示，来自广告商的直接压力普遍存在（Soley，2002）。虽然广告商人数不多，但是他们创造了一种影响力文化，直接压力只在必要的时候亮一下即可。事实上，当一个记者因为激怒广告商而被解雇时，这个事件就会成为编辑部的典故，被用于教育把关人未来如何避免惹恼广告商。值得注意的是，新闻编辑部里也流传着反抗广告商的传奇（Kaniss，1991）。社会化了的把关人，学会了将广告商利益作为媒体自身的最大利益，甚至作为公共利益。溜须拍马的新闻报道可以被解释为支持家乡企业家或地方经济，新闻网页上的文本链接广告商网站可以被辩白为为受众提供信息（Craig，2007）。只有在停止发送广告的时候，媒体工作者的社会化结果才能显现出来。对《女士》杂志的一项研究表明，当某些广告被停止刊出时，编辑们才吃惊地意识到，广告以很多精微的方式影响了内容——当杂志决定取消广告时，这种情况才被真正注意到（Cunningham & Haley，2000）。即使压力不是直接的，编辑部把关人也是在充分意识到广告对出版物财务健康的重要性的前提下做决策的。因此，不利于广告商的坏讯息会被忽略，好讯息会被放大，能促使受众买买买的新闻变得更有价值（Baker，2002）。把关人还同意"把广告伪装成新闻，隐藏在文章中"（Lacher & Rotfeld，1994，p. 288），即所谓的软广告——也就是那些貌似普通言论的广告（Cameron & Haley，1992）。

对期刊业来说，广告商的压力十分突出。海斯和赖斯纳（Hays & Reisner，1990）发现，广告商对农业类期刊的压力是多方面且持续性的。他们指出（另见 Soley，2002），专业媒体通常广告来源有限，一两家广告商往往占了期刊收入的很大比例。因此，和消费性期刊相比，此类期刊的广告商如果不高兴，后果就较为严重。消费类期刊的广告来自更多样化的企业（Hays & Reisner，1990，p. 941）。

消费类期刊遭受的压力是另一种类型。凯斯勒（Kessler，1989）调查了六大女性期刊（如《大都会》和《美国好主妇》）的评论和广告内容，以了解是否存在吸烟损害健康内容的自我审查。研究表明，女性期刊存在着显而易见的自觉，严控吸烟危害健康的评论。这项研究分析了烟草广告与吸烟损害健康（"头号女性癌症杀手"）这类言论的数量之间有没有关系（Kessler，1989，p. 319）。尽管女性健康是这类期刊的一个重要话题，但这些期刊上几乎没有任何关于吸烟危害健康的言论，连不接受烟草广告的《美国好主妇》也不例外。《美国好主妇》健康版的编辑告诉研究者，由于肺癌是一种有争议的疾病，且读者对吸烟危害健康的报道没有兴趣，因此相关报道计划数次被叫停（Kessler，1989，p. 322）。凯斯勒指出，尽管《美国好主妇》不存在失去烟草广告之忧，但它可能会失去来自烟草集团下的非烟草子公司的广告收入。

1984 年，《名利场》深陷危机，通过刊登一系列有关时装设计师的报道，他们的编辑拯救了杂志，这些时装设计师都是该期刊的主要广告客户。这可以算是对广告商的另一种屈从。在 1989 年 4 月号上，该期刊用 37 页的篇幅为那些曾经被正面报道过的人物做了广告（Lazare，1989）。

广告商对内容的压力还会以交换协议的形式出现，即根据购买广告的空间交换言论版空间（Gossage, Rotzoll, Graham, & Mussey, 1986）。对互联网搜索引擎，广告商通过合同方式把这种压力正式确定下来。哈基泰（Hargittai, 2004）指出了广告对网站的分类和内容呈现方面的影响：通过付费，网站可以在搜索结果中占据靠前的位置；即使跟搜索关键字没什么关联，商业网站仍然可以在搜索结果中置顶。这并不是一个新现象。19世纪的报纸就曾与广告商签订合同，提供正面的新闻报道或通过"导读"把广告包装成新闻（Baldasty, 1992）。在广播的早期，整个节目都是广告公司承包的，它们开发和制作节目，用于展示它们的产品。至今，广告商仍然深度控制着电视的日间肥皂剧时间（Cantor & Pingree, 1983）。

媒体机构的广告和编辑部门之间确实存在着"一堵高墙"，不过广告商没必要打破这道高墙。因为媒体机构的广告主管通常是个跨界的角色，可以视为广告商的代理人。安及其合作者伯根（An & Bergen, 2007）对广告主管的研究表明，他们最高兴的是，稳定的广告客户充当了专业的新闻来源，在新闻照片中突出显示了广告客户的标志。此外，媒体所有权人和管理者与广告商的关系也坐实了媒体管理层必定是广告商的同谋，在地方商会这类双方共同出入的圈子里，广告商可能会面询出版商的意见（Soley, 2002）。凭借持有媒体公司的股份以及在董事会任职，广告商已经在媒体机构的高墙内占有一席之地（Cohen & Solomon, 1995; Croteau & Hoynes, 2006）。根据巴格迪基安（Bagdikian, 2004）的记录，一些媒体公司曾经轻率地决定彻底拆除媒体和广告商之间的高墙。《泰晤士报》公司的一位新任CEO曾下令，广告部一位代表对新闻内容有直接的发言权，股东们也快速地批准了这项规定，不过该规定最终还是被撤销了。据说是与媒体机构密切相关的一些因素导致了撤销。事实上，有研究注意到，对广告商的要求开放到何种程度与媒体机构的特征有关（An & Bergen, 2007; Kaniss, 1991）。

金融市场

媒体机构的资金不仅来自广告商,也来自股息、销售和融资。媒体公司曾经是家族企业,不过现在多为上市的大型企业集团的一部分。美国50%的报纸发行量属于上市公司拥有的媒体(Cranberg, Bezanson, & Soloski, 2001)。报业董事会通常受到大型机构投资者的监督,法律也要求董事会为股东实现股票价值最大化。因此,各大传媒集团都期望看到其股票的升值。股票升值,拥有股权的高管们收入也就增加了(Bagdikian, 2004)。除了股票期权,边际利润也关联着高管们的奖金。不过,根据克兰伯格、贝赞森和索洛斯基(Cranberg, Bezanson, & Soloski, 2001)的研究,广大股民才是媒体的真正所有权人。股民通过股票市场,对机构的财务健康状况做出即时的反馈。不过这会引致媒体公司更多专注于短期决策,而不是长期目标。公司股票价值的变化清楚地表明了勒温的观点,即关卡上既有动力,也有阻力,或促进或限制信息在关卡处的移动。是广大股民造就了对市场数据高度敏感的结构化的把关人。

公司和企业集团的首要目标是为股东赚更多的钱,收购其他公司也是一种方式。如果兼并涉及借款,就需要财政的支持,这就要求保持良好的信用评级。机构的偿债能力越差,金融机构对媒体的影响力就越大,在媒体机构董事会中的任职人数也越多。随着长期债务和利息支出的增加,董事会必须采取行动稳定其现金流。媒体公司的现金流主要来自广告收入(An & Jin, 2004)。

所有这些作用力各有自己对媒体内容的影响途径,改变媒体的相对市场定位也是其中一种。当增加现金流成为一个主要目标时,内容和市场之间就不再有屏障。此时,华尔街的影响主要体现为推动媒体进一步屈从于市场(An & Jin, 2004),其中包括让媒体机构更加小心地规避风险，循规蹈矩，戒绝创新（Napoli，2003）。

克兰伯格及其同事（Cranberg et al.，2001）研究了上市媒体公司后得出一个结论：母公司的财务目标对新闻媒体的方方面面都有实质性的影响——从员工规模和素质到新闻的类型和数量。这些决定往往是在研究了受众及市场细分之后做出的。埃奇（Edge，2003）对一家加拿大新闻机构的案例研究提供了令人信服的证据，证明金融市场确实影响机构及其制作的新闻。一家曾经由南安（Southam）家族控制的公司开始公开发售股票，竞争对手虽然预算紧张，但还是逐步购买了该公司的股票。收购南安报业的动作危及了该竞争对手自身的财务稳定，它不得不把报纸卖给了第三家公司。埃奇的研究显示，事情到此还没有结束，因为第三家公司是在股市高企的时期购入报业公司的，财务的影响继续发酵——市场力量迫使报纸突然裁员，新闻报道也就受到了影响。最终，新老板们在报纸上宣称，自己有"明确的政治目的"（Edge，2003，p.234）。

信息源

在韦斯特利和麦克莱恩（Westley & MacLean，1957）的模型（见图1.3）中，媒体是信息从信息源到受众的传递渠道。不过，正如西加尔指出的那样，渠道其实也指信息"从源头到达记者的通道"（Sigal，1973，p.120）。毕竟在许多情况下，媒体工作者并没有亲历事件，获得的信息经过了信息源的加工，这极大地影响了媒体的关注点。

我们在第四章中指出过，识别和选择信息源是把关过程的重要组成部分（另见Chibnall，1975，1981）。必须看到，信息源自身的既得利益会影响它们对媒体工作者提供的信息。拥有经济和政治权力的信息源拥有更多接触媒体的渠道，也因此有更多的机会把自己的讯息塞入媒体渠道（Gans，1979b）。格拉贝、周和巴尼特（Grabe, Zhou, &

Barnett，1999）认为，白人男性精英仍然是电视新闻杂志节目的信息源（另见 Zoch & Turk，1998）。这类节目大约有 10% 的讯息来自政府，学术界和商界信息源的出现频率是劳工阶级的五倍多。资源匮乏的群体往往不得不采取越轨行为来吸引媒体的注意（Gitlin，1980；Goldenberg，1975）。有些事件本来应被正面报道，但是在新闻中，被关注到的是违反法律或行为规范、挑战现有权力集团，和/或不同寻常的行事方式，这些人群因此反被去合法化（Shoemaker，1984）。公民新闻的倡导者提倡在日常新闻报道中使用非精英信息源，然而，至少有一项研究得出结论：来自非精英来源的新闻增加得太少，以致读者都没有注意到（Massey，1998）。对政府官员或专家等精英信息源形成依赖后，把关人很容易受到精英议程的控制（Koch，1991）。

信息源可以推动或限制信息在它们控制的渠道中流动，以便推动信息进入媒体渠道或其中的某一环节。信息源和记者的沟通形式取决于双方观念的契合程度（Gieber & Johnson，1961）。当双方看法完全相左时，沟通更有可能是走形式。信息源一方认为，记者应该是"开放"的把关人，其工作就是把信息直接送过关卡，无须加工。记者一方则希望线人敞开报料，提供所有信息，让记者决定信息是否以及如何通过关卡（Gieber & Johnson，1961，p. 297）。

有人从协作的视角研究记者与信息源之间的关系（Dyer & Nayman，1977；McLeod & Chaffee，1973；Shin & Cameron，2005；Stegall & Sanders，1986）。信息源和把关人是互利的关系：信息源通过大众媒体传送信息给目标受众，把关人则通过信息源定期获得可靠的信息。把关人对定期、可靠信息的需求导致了对政府信息源的依赖（Gandy，1982）。而这种对信息源的认同是记者被信息源控制的可能条件之一（Donohue，Tichenor，& Olien，1972）。例如，认同警察的把关人更有可能在讯息取舍上听取警察的意见。

我们并不是说把关人会不加批判地接受信息源提供的所有信息。库恩（Kuhn，2002）的研究表明，媒体不是信息的被动接收者；相反,他们带着批判态度彻查信息源对问题或事件的定性。因为信息源要推自己的议程,所以把关人在接收信息时,必须积极主动过滤虚假信息,并根据对信息源、事件或问题的了解去解读讯息(见第三章中的二次评估,Hewes & Graham,1989)。在双方的协作中,记者对信息源的怀疑不一定影响对准确性的判断。记者和信息源有可能就信息达成共识;不过也有可能双方以为达成了共识,其实共识并没有达成,这就是虚假共识;有时候也会发生虚假分歧,也就是说,双方"认为他们的分歧很大,实际上并没有那么大"(Shin & Cameron,2005,p.322)。

公共关系

公关部门及其工作人员是信息源和机构最常使用的通往媒体的工具。各种各样的机构都以大众媒体为目标开展公共关系活动,包括提供新闻稿和宣传资料,安排采访或新闻发布会,组织活动,提供照片或视频,维护网络新闻编辑部和博客,以及能够生成供媒体使用的宣传材料的任何手段。公关对那些负担不起付费广告的机构是有帮助的,不过大型公共关系活动的成本其实不亚于付费广告(Levine,2008;Wilson,2004)。当然,媒体把关人没有义务使用公关公司或企业部门提供的任何材料或参与公关活动。事实上,把关人通常对公共关系活动持怀疑态度(Sallot & Johnson,2006)。

针对记者和公共关系从业者的调查发现,双方都看到了公共关系对新闻有很大的影响(Sallot & Johnson,2006;Sallot, Steinfatt, & Salwen,1998)。记者方面估计,平均有44%的新闻内容受到公共关系活动的影响,而公关从业者估计的对议程设置的影响更高(Sallot & Johnson,2006)。内容分析的研究结果是,受公关活动影响的新闻比例超过50%(VanSlyke Turk,1986b)。甚至那些拥有大量记者和编辑的大型报纸，诸如《纽约时报》和《华盛顿邮报》，每天也有一半以上的原始资料来自政府机构、公关公司和社会团体的新闻稿及记者招待会（McCombs，1994）。不过，在电视新闻这种空间小得多的媒体上，公关新闻稿的使用率较低（Berkowitz，1990a）。

几十年来，新闻稿一直是公共关系工作的核心（Scott，2007），但是随着时代的变迁，公关举措也在演变。现在，机构和团体会建立网络编辑室，不仅提供新闻稿，也可以在其中找到机构历史、宗旨、政策声明或文章，以及机构的其他出版物（Reber & Kim，2006）。新的公关举措可能还包含机构员工和领导的博客（Gillmor，2004；Holtz，2002）。现在，没有全方位网络公共关系方案的机构，其媒体关系处于相对不利地位（Christ，2005）。公共关系举措的扩展，效果之一就是提高了影响媒体议程的可能性，特别是那些财务较为紧张的机构。

机构，特别是政治机构对"控制"新闻可谓用心良苦。选战中不仅严格控制媒体接触候选人，同时还要策划一系列可供媒体报道的事件（Norris，Curtice，Sanders，Scammell，& Semetko，1999）。政治机构会设计好竞选活动的脚本，几乎不给记者提供任何超出脚本的信息（Skewes，2007）。具有讽刺意味的是，竞选活动的脚本越详尽，记者们就越会去搜寻那些非脚本规定的瞬间。这反过来把"选战沟通游戏推向更强化的导向和更严格的管理"（Bennett，2005，p. 368）。

策划并举办吸引媒体报道的活动，如示威和抗议，也是传达讯息的方式（Wolfsfeld，1984）。所谓伪事件就是被策划或煽动出来，专门用来引发媒体报道的（Boorstin，1971）。只要媒体一直报道，伪事件就会一直持续，而且此类事件的时间表都是按照媒体的截稿期来安排的，例如，最重要的环节要安排在晚间电视新闻可报道的时刻。24小时的电视新闻播出时间表针对特定目标观众安排内容，伪事件也会按此时间表安排，以期到达特定的受众。伪事件既可以满足社会团体向特定受众传播信息的需求，也可以满足媒体对新闻的需求。策划良好的伪事件还会考虑视觉效果，以提高电视和互联网流媒体对它们的注意。

成功的公关活动对媒体内容的影响可分为直接和间接两类，媒体直接发布公关活动的新闻稿是直接效果，引起媒体关注是间接效果。公关活动能够奏效有多种原因。甘迪（Gandy，1982）认为，公关材料可以被视为新闻机构的信息津贴。公关机构收集信息、撰写有新闻价值的报道或提供图片，为新闻机构降低了成本。柯廷（Curtin，1999）的研究证实了甘迪的观点。报纸为了吸引某些类型的读者会设计一些特殊的版面，但通常并没有额外财政资源支持这些版面。公关材料可以填补这个空白。不过柯廷（Curtin，1999）也指出，编辑，特别是大型连锁报纸的编辑，对公关材料持严重怀疑态度，不愿意在报纸的其他版面使用这些材料。

公共关系从业者也通过保持与媒体把关人的联系来影响媒体内容。他们与记者建立专业关系，从而创建在必要时刻可以使用的渠道（Howard & Mathews，2006）。例如，公关秘书会与记者保持密切联系，以便纠正错误，驳斥对手的指控，并持续提供对公关活动的说明（Bennett，2005）。李和伯科威茨（Lee & Berkowitz，2004）在韩国发现了此类做法，他们称之为"第三道关"。韩国的公关从业者会浏览报纸的第一版，一旦发现问题，就会给记者打电话，甚至亲自到报社去解决问题。不过，尹（Yoon，2005）在她的公关与媒体关系的研究中发现，公关专业知识并不能保证讯息在媒体畅通无阻。

政府

虽然在晚期资本主义社会，市场，而不是政府，被视为最合法的规制媒体的手段，但是政府的影响力仍然是存在的。事实上，政府机构和官员使用的干涉手段种类繁多。政府既从事新闻管理，或者展开公关，同时也制定和实施各种针对媒体的法律、政策和规定。

竞选中使用的操纵新闻的方式在政府的媒体关系中可以说司空见惯（Cook，1998）。里弗斯（Rivers）在分析华盛顿的"新闻操控者"时写道，"信息控制是权力的核心"，他想用这句话说明：政府通过管控信息流来控制大众媒体（Rivers，1965，p. 129）。政府的这种行为当然不是自今日始。富兰克林·罗斯福（Franklin Roosevelt）因其对新闻的深刻理解被《纽约时报》的阿瑟·克罗克（Arthur Krock）誉为"名副其实的伟大的编辑部主任"（引自 Rivers，1965，p. 134）。哈里·杜鲁门（Harry Truman）虽以诚实和开放著称，但在他担任总统期间，行政部门的"信息"和"编辑"职位翻了一番。在德怀特·艾森豪威尔（Dwight Eisenhower）的第一个任期，这个数字又翻了一番，发布新闻的决定权掌握在他的首席公关詹姆士·哈格蒂（James Hagerty）手中（另见 Foerstel，1998）。这就是所谓的新闻管控，即政府官员决定哪些信息可以发给新闻媒体，哪些不行。这不是美国独有的现象。研究显示，英国、西班牙（Sanders，Bale，& Canel，1999）和印度（Thussu，2002）也有类似的新闻管理。

以英国为例。近年来，英国政府制定了积极的媒体战略，目的就是影响媒体议程（Kuhn，2002）。第一届布莱尔政府在唐宁街设立了一个战略传播组，其中有几位前记者帮助协调其新闻管控。布莱尔政府设计了主动和被动两套媒体策略，前者用得比较多。主动媒体策略包括"撰写新闻稿，策划媒体事件，控制信息发布"，被动媒体策略旨在控制有关政府的负面新闻的影响（Kuhn，2002，p. 49）。

自越战以来，美国军方一直积极寻求新闻管控。军方限制记者团的行动，同时不断向记者提供支持其军事意图的图像（Perlmutter，1998）。在伊拉克战争期间，美国国防部禁止报道中出现战争阵亡者棺木的图像。第一次海湾战争（Ottosen，1992）期间，美国军方对摄影记者也有类似的控制措施。后来，军方通过让记者"嵌入"军队的方式控制对战争的现场报道。在入侵和占领伊拉克期间，与非嵌入式记者相比，报纸的嵌入式记者对军队的报道要正面得多（Haigh et al.，

2006，p.149)。

有时候把关人也会反抗政府对新闻的垄断。奥尔索斯（Althaus，2003）研究了1990—1991年海湾危机期间的美国晚间电视新闻。他发现，相比作为官方信息源的政治家们，美国政府之外的信息源对美国卷入这场战争批评较多。奥尔索斯认为，在此期间，记者们突破了以往的新闻来源模式，对反对意见的表达有相当的决定权。

和其他社会团体一样，当其他形式的新闻管控不太成功时，政府机构也求助于广告。广告可以起到跨媒体议程设置的作用，也可以视为一种信息津贴（Young，2006）。英国和澳大利亚都有发布政府广告的传统（Deacon & Golding，1994）。事实上，澳大利亚政府是该国最大的广告商（Young，2006）。政府花在广告上的费用之巨，使得它拥有了与大公司同样的权力，一旦对媒体不满，就威胁撤回广告。尽管澳大利亚也有类似美国的宪法第一修正案的保护措施，但是政府的这种威胁照样发生（Bernabe-Riefkohl，2000）。

在美国，宪法第一修正案是一道屏障，限制了政府对媒体的管制，但是仍有法律和公共政策能够影响新闻内容。例如，诽谤法就普遍适用于大众媒体，如果把关人发布或传播损害某人名誉的错误信息，就极有可能陷入诉讼（Carter，Franklin，& Wright，2005）。尽管诽谤法明显偏向新闻媒体，但新闻机构的律师还是不愿意为任何，哪怕仅仅是打擦边球的新闻内容开绿灯（Barendt，1997）。由于其他国家的诽谤法提供给媒体的保护比美国少，美国的跨国新闻企业可能会对其他国家的新闻内容也持谨慎态度。同样，有关隐私保护的法律也对媒体行为设定了界线，禁止了某些新闻内容。有研究显示，记者们通常很少或根本没有意识到他们的行为可能会触发法律诉讼（Skolnick，1968；Voakes，1998）。美国有一项关于媒体内容的规定以前没有人注意，但在小布什总统执政期间成为一个重大的政治和法律问题。法律规定卧底情报人员的身份不能公布，但是在伊拉克战争期间，一名特工的丈夫一直批评布什政府发动战争的理由，媒体伙同政府对这名特工的身份进行了曝光。此事发生之后，引发了一场复杂的法律调查（N. Chomsky, 2006）。

其他法律条款和媒体内容不那么直接相关，但是却创造了可能最终还是会影响新闻内容的条件。例如所有权监管。就电视而言，政府通过其发放执照的权力对电视台有名义上的影响力。表面上看，政府发放执照是根据电视台提供符合公众利益，且具有便利性或必要性节目的能力。最初，这意味着电视台要提供满足广大受众需求、不能冒犯美国主流社会的新闻（Benjamin, 2001; McChesney, 1993）。然而，联邦通信委员会（Federal Communications Commission, FCC）在拍卖执照时，公共利益这条标准并不在考虑之列，是否有新闻内容，以及新闻的性质也都不重要（Aufderheide, 1999; Horwitz, 1989）。

所有权监管主要还是关涉一家公司拥有多少媒体，以及何种类型的媒体。监管机构的目的是构建一个竞争的新闻内容市场。如前所述，监管机构认为，媒体所有权的广泛售卖创造了竞争，也就使更多的声音进入思想市场（Baker, 2007）。全国性的所有权仅限于电视（Cohen, 2005），印刷媒体的兼并要受反垄断法的监管（Carter, Franklin, & Wright, 2005）。FCC严格禁止在同一个市场内同时拥有报纸和电视台（Carter, Franklin, & Wright, 2003）。这一禁令与FCC的所有规定一样，随时可能更改。批评人士（例如，Sturm, 2005）争辩说，放宽所有权限制能够扩大媒体的经济规模，有利于媒体支持其新闻采集活动，从而带来更多和/或更好的新闻。不过，拿坡里和严（Napoli & Yan, 2007）质疑了这一论点，他们的研究表明，所有权的集中导致了地方新闻的减少。

影响把关的媒体政策还有很多。比如新闻保障法保护记者在某些情况下有权利不透露信息源（Fargo, 2006）；美国刑事诉讼法规定，不许带相机进入法庭和立法会议，而且法院可以拒绝公开某些公共记录（Graber, 2006）；著作权法为新闻媒体使用受版权保护的材料设置了适度的障碍（Olson, 2004）。此外，通讯法中的时间平等规则规定，如果一个竞争公职的候选人得到媒体的播出时间，那么所有其他候选人也必须被媒体公平对待。时间平等规则已经发生了变化，新闻类节目已经很长时间不再遵守这个规定。随着新闻类节目定义的扩展，新的问题随之出现（Paglin，Hobson，& Rosenbloom，1999；Vos，2005）。与此同时，国会和总统开始发挥监管作用，他们的主要手段是威胁制定新政策，以解决他们所说的新闻媒体的缺陷（Krasnow，Longley，& Terry，1982）。这种威胁有一定抑制作用，意在影响未来的媒体行为和内容。

社会团体

社会团体，诸如共同事业组织、塞拉俱乐部和准确报道组织①（Accuracy in Media），是由那些想就某些问题表达自己立场的人组成的团体。人们相信，集结起来发声，声音更为响亮。涉及媒体把关的社会团体可以分为三类：推销自己立场的人、试图改变媒体内容的人，以及兼二者而为之的人。

反酒驾母亲（Mothers Against Drunk Drivers）这样的组织，要利用媒体发布他们的活动信息以表达立场。他们试图说服媒体把关人，不仅要向公众推广这个群体的讯息，还要确保有关讯息是正面的（Russell，1995）。他们利用公共关系活动影响媒体把关人，靶向目标受众（Rose，1991），有时候他们做得非常成功。研究基督教联盟②（Christian Coalition）的赫金斯（Huckins，1999）说，这个团体的议程与媒体议程之间存在着非常显著的相关，他们关注的问题经常得到报纸的报道。

---

① 准确报道组织是美国非营利的保守民间媒体监督机构。——译者注
② 基督教联盟是美国基督教倡导团体。——译者注

准确报道组织，属于我们讨论的第二种社会团体，他们的目标就是改变媒体内容（Herman & Chomsky，1988）。他们批评媒体和/或具体的把关人，试图影响把关程序（Bryski，1998）。他们对内容的影响是双重的：他们不仅批评媒体的新闻议程（从而替换了把关人原本属意的讯息），而且可能推动媒体行为或政策的改变。他们就是想迫使媒体认真对待"批评意见"，媒体如果发布他们认为不妥或有问题的新闻，就要付出代价（Herman & Chomsky，1988）。"有一些公共道德组织不遗余力地守护他们认为重要的事物，坚持不懈地监督，深入彻底地调查，对任何违规行为都保持高度敏感，一旦发现不正常，就会对其进行巨细靡遗的揭露。"（McCabe & Akass，2007，p. 64）例如，声称是基督教组织的美国家庭协会（the American Family Association，AFA），致力于在电视和其他媒体上推行体面的行为方式。他们以媒体把关人为监督对象，主要活动就是发送抗议明信片给那些他们认为在不雅的电视节目中做广告的公司。

第三种类型的社会团体利用媒体推销某种观点，偶尔也试图影响把关程序。他们的做法包括为他们认为重要的事务提供报道"指南"。例如，1968年，美国律师协会（the American Bar Association，ABA）通过了《公平审判-新闻自由》指南，该指南具体说明了媒体应如何报道犯罪和审判。到1976年，23个州通过了报业律师自律指南。不过，坦卡德、米德尔顿和里默（Tankard, Middleton, & Rimmer，1979）在研究中发现，承诺遵守ABA指南的报社并不比那些没有承诺的报社表现更好。狄克逊和林茨（Dixon & Linz，2002）发现，ABA关于审前报道，特别是关于种族描写的指南，似乎没有得到新闻媒体多少关注。同样，国际商会（International Chamber of Commerce）和其他一些社会团体一直在倡导它们制定的关于广告内容的指南，但是收效甚微（Boddewyn，1991）。

不管是哪种类型的社会团体，有时为了影响媒体内容，会把广告作为其他手段的补充。根据索利（Soley，2002）的研究，这种做法有成有败——媒体比较欢迎有企业赞助的团体，而维权组织则经常被媒体拒绝。福尔克、格里扎尔和麦克唐纳（Falk, Grizard, & McDonald, 2006）的研究支持了索利这一多少有些凭印象而得出的结论，他们的研究表明，在华盛顿特区电视市场中，与企业有关的社会团体，其言论广告的支出是其他社团的五倍。

其他媒体

在一个竞争的媒体市场上，有多种方式决定着新闻内容的生产。媒体之间争夺受众、信息源和广告商。竞争压力促使把关人相互紧盯。大家都想捞到独家报道的大新闻。一个大新闻一旦被曝光，其他媒体就必须跟上（Gans, 1979a）。尽管媒体机构之间保持着竞争，但来自竞争媒体的记者们却经常合作。例如，政治记者们会在一起讨论竞选活动的新闻价值，这就导致了内容的相似性（Crouse, 1972；Skewes, 2007）。媒体之间相互监控是很正常的，不过有些媒体受到更多关注。在这种情势下，就会发生跨媒体议程设置现象。

就像有些记者总是充当议程的设置者，有些媒体机构亦然（Bantz, 1990b）。丹尼利恩和丽思（Danielian & Reese, 1989；Reese & Danielian, 1989）关于毒品问题的跨媒体议程设置研究揭示，《纽约时报》在议题设置方面似乎具有特别大的影响力。其他有影响力的媒体包括《华盛顿邮报》《洛杉矶时报》和《华尔街日报》（Bantz, 1990b）。每天有成千上万的记者在这几家报纸上寻找可用的讯息。

在其他影响因素作用不突出时，竞争媒体对把关的影响就显得特别重要，这种情况往往发生在某个具体把关人对某一主题无所适从或找不到参照标准时（Cohen, 1963）。机构资源充足与否也是影响跨媒体议程设置的因素。例如，小型电视台无法采集国际新闻，因为成本太高，它们的国际新闻报道不得不严重依赖路透社电视部等通讯社

(Paterson，2001)。佩特森（Paterson，2001）比较了世界各地的电视新闻节目，发现在较小的电视台，80%甚至更多的非本地新闻来自通讯社，而资源丰富的电视公司则把通讯社报道作为自家国际新闻的补充。

通讯社的服务在多大程度上能决定报纸的主题呢？斯坦普尔（Stempel，1959）研究了密歇根州六家日报选用的通讯社新闻，发现只有约三分之一是相同的。托德（Todd，1983）则发现，《纽约时报》供稿社和很多报纸的新闻选择，特别是头条新闻的选择有某种程度的一致性。哈蒙（Harmon，1989）注意到，在同一市场中的报纸和地方电视台，它们的新闻大体上是一样的，这不仅意味着把关人有大致相同的关注点，也意味着他们还关注着彼此的新闻决策。

广告被用作设置新闻议程，这是又一类媒体议程设置方式。报纸和电视媒体的新闻议程都会受到政治广告的影响（Roberts & McCombs，1994）。博伊尔（Boyle，2001）研究了1996年总统选举中的跨媒体议程设置。他发现，总统竞选广告确实设置了电视联播网的新闻议程，以及报纸声望报道的议程。有研究显示，社会团体的广告也有同样的效果（Miller，2006）。

新闻顾问

一些媒体机构在制定提高收视率和竞争力的战略时，会征求弗兰克·马吉德协会[①]（Frank Magid Associates）或麦克休·霍夫曼（McHugh Hoffman）这类顾问的意见（Allen，2005；Bantz, McCorkle, & Baade，1981；Berkowitz, Allen, & Beeson，1996）。这些

[①] 弗兰克·马吉德协会，全球最大的研究型战略咨询公司，专注于媒体、娱乐和通信领域。——译者注

顾问在地方电视台特别有影响力。伯科威茨和他的同事（Berkowitz et al.，1996）研究了这类现象。他们发现，尽管顾问并不参与日常的编辑部决策，但他们会提出，一个成功的电视台应该报道哪类事件，以及应该如何报道，这是他们影响媒体内容的方式。例如，电视台的顾问会建议在新闻节目中采用更多现场直播或更多视频。媒体会在报道中采纳这些建议（Bantz et al.，1981；Tuggle & Huffman，1999）。顾问也曾在地方电视台的市场定位过程中发挥过重要作用（Allen，2007），还推动了电视台"描绘警察、儿童和宠物、名人有一定之规，以及易逝新闻的'团队'报道"（Allen，2005，p. 378）。内容分析表明，有顾问的电视台较少播放政府和政治新闻，较多选择有关犯罪、天气和人情味话题的新闻（Allen，2005）。

当然，新闻顾问的作用取决于媒体是否采纳他们的建议。从这个意义上说，新闻工作者对顾问的看法决定了顾问对内容的影响力。有证明显示，记者的职业角色观和对待新闻的态度会影响他们对顾问的看法（Berkowitz，Allen，& Beeson，1996；Tuggle & Huffman，1999）。伯科威茨和他的同事（Berkowitz et al.，1996）对16位地方电视台的新闻部主任进行了问卷调查，发现高度关注媒体机构的商业成功的主任们倾向于支持顾问；相比之下，关注自己的新闻理想的主任则对顾问持批评态度。塔格尔及其同事（Tuggle et al.，1999）的研究结论是，记者比新闻部主任更相信，顾问影响了电视台的直播报道决定。

关卡上的作用力

各种市场力量对新闻生产的作用是本章的起点，不过究竟哪种市场力量对新闻内容更具决定作用，我们并不清楚。有些分析认为市场是根本，是一种自然之力。例如这种说法："市场力量势头强劲。"

（McManus，1994，p. xiii）这话可以视为一种比喻，也可以认为是现实的真实写照。总有人喜欢用比喻，不过有些比喻确实更能体现关卡上的作用力的本质。

在本章中，市场是作为制度现实的构成部分呈现的，正是制度现实构建了社会或制度图景。美国和其他一些国家对市场提供的法律保护改变了社会环境，某些媒体行为因此得到了更多的护佑。市场有自己的运作逻辑（Baker，2002，p. 95），不过这是建筑在制度基础之上的。媒体在市场上追求利润最大化，这种行为是可以预期的。如果信息津贴可以降低成本，就可以预计到把关人会最大限度地使用其他机构供给的新闻稿。底线是不能导致观众流失，抵消了经济效益。如果耸人听闻的报道能够吸引广告商所渴望的受众，就可以预计到此类新闻一定会达到某种最优数量。体制环境总会把那些最合乎逻辑的路径突显出来，或者如贝克所说，"（体制的）影响总是指向特定方向"（Baker，2002，p. 14）。对媒体把关人来说，倘若市场变动不居，又对受众缺乏了解，那么来自广告商的压力就会变成切肤之痛。

关卡前的各种作用力有时被拟人化，把关人被说成天生贪婪或者天生理性。巴格迪基安就把甘内特报业集团的所作所为描述为"贪婪的压榨行为"（Bagdikian，2004，p. 178）。经济学通常把在正常经济活动中追求利润最大化看作人类理性的表现。但在媒体行业，理性解释不了关卡上的各种作用力，因为众所周知，在媒体行业，把关人会放弃一些利润，追寻其他理性目标。我们所谓的理性不过是社会化或社会调适的结果。和追求利润最大化一样，它是一种根深蒂固的文化需求（Kuttner，1997）。

理性有时候也得从权——比如地方电视台相信顾问的意见，不是因为了解了所有的可选项，而是因为它们把决定权交给了它们相信的专家。（另见第三章中关于决策和理性的部分。）当不确定性出现时，市场理性不一定能提供明确的行动方案。就像跨媒体议程设置不一定对一家小媒体机构有实质的帮助，但这是一种社会安排，解决了判断新闻时的不确定性问题。就好比已经有一条可以穿过体制环境的道路，为了追求效率，人们会继续选择这条熟悉的路。这确实是一种理性选择，不过不能忘记，这种选择本身也是社会化的结果。

在各种不同的机构环境中，都可以清楚地看到社会化现象。把关人在工作中所依据的受众需求概念，其实并不是来自对观众兴趣的直接或准确的了解，而是来自编辑部内的社会化。把关人亲历的媒体和广告商之间的争执，或被告知的发生过的争执，都提醒把关人，将来不要犯同样的"错误"，以免引发新的战争。克莱斯勒的一位高管说过："编辑们对'我们的广告指南'心知肚明。"（Soley，2002，p.211）最初的禁令最终变成"自我设限"（Kessler，1989）。新闻记者和信息源之间的合作也是社会化的结果，合作意味着双方就对社会的看法达成了共识。

在对社会的分析中，我们列举了各种以赤裸裸的权力形态出现的作用力。政治、政府，以及其他控制新闻的力量，各自利用自己的地位发号施令，操控新闻。不过权力并不是绝对的，记者还是有腾挪余地的。写好的脚本之外必然还有故事（Bennett，2005；Skewes，2007），信息源如何操控新闻，也是记者可以讲述的元故事（Fallows，1996）。

本章所揭示的另一种赤裸裸的权力是，政府可以对某些行为实施刑事制裁。把关人因违反法律法规而面临诉讼、罚款和监禁的威胁。因为记者们经常明知故犯，蔑视法律，所以这一权力并不像表面上那样具有威慑力。当新闻保障法无法提供保护时，记者们宁可选择坐牢，也不会交出信息源（Pracene，2005）。把关人还积极扩展法律法规的保护范围，推动新的法律解释，从而扩大媒体的自由度（Krasnow，Longley，& Terry，1982）。可以看出，把关人在应对政府或其他权力机构时，对得失是有所算计的。在关卡上，同时存在着对得失的理性算计和非理性的力量。

最后，关卡上的作用力被赋予了功能主义的意义。甘迪（Gandy，

1982）曾表示，记者对定期、可靠的信息的需求导致了对政府机构的依赖，这看起来就是一种功能主义解释——只不过是因果颠倒了的功能主义。甘迪用功能主义表述方式讲了一个完全错误的故事。实际上，把关人的行为是对制度环境的反应，是市场鼓励了某些行为。甘迪的故事的完整逻辑应该是，如果把关人忽略官方信息源，那么他们将失去受众，并最终遭受经济损失。不过确有一些替代性出版物做出这样的选择，而"替代性"这个词基本上就是小发行量的代名词。

第七章 社会系统分析

在伊拉克战争期间，卡塔尔的阿拉伯卫星频道——半岛电视台和美国媒体的报道很不一样（Aday, Livingston, & Hebert, 2005）。这种不同并不仅仅是因为它们是不同的新闻机构，或者受到不同社会体制的影响。卡塔尔和美国的媒体机构当然是在完全不同的环境中运作的，它们各自生产的新闻就像它们的政府或经济体制一样，截然不同。我们都知道，世界各国制度各异，不过要想解释清楚这些差异来自何处，不是那么容易。

几十年来，有很多研究（例如，Emery, 1969；Hachten & Hachten, 1999；Head, 1985；Shoemaker & Cohen, 2006）检视国家对新闻生产的影响。然而，民族国家这个概念本身很少被指为新闻报道差异的原因。黑德（Head）研究了"国家"的媒体系统，断言"一个国家的电视系统是该国特征的镜像，表达了该国特殊的政治哲学和文化认同"（Head, 1985, p.2）。那么，新闻报道的差异究竟来自何处？可以归之于社会系统的差异吗？或者，如果不是社会系统，那么可以说源自社会结构、意识形态或文化差异吗？这可不是语义问题，这些词语也不是同义反复——实际上，每一个词的背后都带有多个理论预设，每一个都指向特定的实证研究领域。

本章探讨社会系统、社会结构、意识形态和文化如何影响了媒体的讯息选择和生产。我们会说明大众传播学一直以来如何使用这些表述，每一种表述的前提假设，以及它们对关卡的深刻影响。本章最终将揭示它们在把关的理论建构中所扮演的角色。

社会系统

美国大众传播学的一些经典著作强调社会或文化背景对塑造媒体系统的作用。权威的《报刊的四种理论》（Siebert，1956；Siebert，Peterson，& Schramm，1973）一书分析了新闻媒体是如何反映出社会体制的。这本书斩钉截铁地断言，"报刊总是带有它所属社会和政治结构的形式和色彩"（Siebert et al.，1973，p.1），为了理解媒体的形式和内容，"必须考察报刊活动于其中的社会制度"（Siebert et al.，1973，p.2）。集权社会的媒体、号称奉行自由主义或社会责任的媒体，以及社会主义社会的媒体，各自生产不同的新闻内容。这四种模式的说法后来受到学界的质疑（Nerone，1995）。然而，社会系统影响内容的理论并没有随之消失。

甘斯的《什么在决定新闻》一书，也有类似的提法，即社会系统对媒体内容很重要。"新闻工作者们可能没有意识到或者不承认，国家和社会作为一种整体的力量，迫使新闻工作者（不知不觉中）按照他们的旨意行事。"（Gans，1979a，p.290）在民主社会中，政党因为渐进且连续的改革而弱化，媒体被迫出来填补空白（另见 Patterson，1993）。在这些地方，记者们严格审查候选人，剔除较弱的领导人。据甘斯说，新闻记者还充当决策者的参谋，是公共政策制定过程中不可或缺的角色（另见 Cook，1998）。在废除了国教的世俗国家，媒体还被迫充当"道德卫士",甚至充当"先知和牧师"。前现代社会中由被选定的部落成员扮演的"说书人和神话制造者",现在也转由媒体扮演(Gans,1979a,pp.292-294)。

有一种理论认为,一个社会需要多种功能性角色,其中一部分由新闻媒体及新闻工作者扮演。例如,斯特罗姆(Strohm)认为,非裔美国人媒体的内容只有置于整个社会体制背景下,以及与其他媒体的相对关系中,才能被理解。"长期以来,黑人报刊被认为就是代表黑人'抗议',其实这种抗议角色只是更广泛的社会内外控制功能的一部分。"(Strohm,1999,p.60)在一个社会系统中,媒体依各自角色产出不同的内容。

各媒体机构中的行动者有时候会执行某种相同的社会功能,在这种情况下,各家媒体的内容可能就是相似的。弱政党的社会和强政党的社会对新闻媒体有不同的要求。在美国这样一个弱政党体制中,竞选报道有如"赛马"叙事,媒体通过给候选人下绊,完成它的淘汰任务(见Kuhn & Neveu,2002)。而在荷兰这样的政党力量强大的体制中,各家媒体都着力表现候选人之间的政策差异(Ostergaard & Euromedia Research Group,1992)。

社会系统可能对媒体内容确有影响,但几乎没有经验证据支持这一论点。众所周知,系统分析或功能主义分析的学者各有立场,他们都不能跳出各自的立场,客观地看待它们,承认各自的短板。"系统分析多用于理论研究,较少用于应用或经验研究。它适用于分析给定各系统的特征之间相互关系的复杂性,而不适合分析社会、文化和经济过程中的细微和矛盾之处。"(Boyd-Barrett,1995,p.73)至于功能分析,甘斯直言它有很大的缺陷,甚至称自己基于功能主义的观察结论只是一种"推测",他表示:"新闻界是否履行了必要的社会功能,只有在所有媒体消失一段时间后才能知道。"(Gans,1979a,p.291)

甘斯、博伊德-巴雷特(Boyd-Barrett),以及其他一些学者还讨论了基于理论假设的系统分析的缺点。不过,传统上,研究新闻媒体所属的社会系统,在很大程度上受到功能主义的影响。事实上,前述的许多研究都显示出功能主义的逻辑。作为一种方法的功能主义理论现在几乎看不到了(Huaco,1986),但功能主义仍然以各种形式出现。不需要功能主义假设,社会系统也完全可以被作为一个分析层级。不过我们有必要了解功能主义假设在什么情况下出没。

关卡上的作用力 功能主义的基本逻辑是,一个社会体系总是有一些社会功能,或者说有社会需求。社会系统和生态系统一样,局部的环境改变会影响到系统的其他部分。系统只有保持均衡才能维持功能。如果系统失去均衡,如果需求得不到满足,就会产生真空。大自然不喜欢真空,有真空就得填充。用甘斯的话说,是真空逼着"记者们行动起来"(Gans,1979a,p.290)。批评功能主义的人认为,大自然这个比喻有夸大之嫌。有一些人批评说,功能主义的真正问题是,没有具体指出哪些现实机制需要采取措施,或者需要什么样的效果(Mahner & Bunge,2001)。那么,到底是什么力量迫使媒体选择特定的内容呢?后世的学者们一直在用文化、意识形态或体制的压力解释为什么需要填补真空或满足需要,甚至追究为什么某些东西被认为需要。

社会结构

与社会系统概念密切相关的是社会结构。考察社会结构的着眼点和考察社会系统的差不多,不过规避了功能主义假设。哈林(Hallin)和曼西尼(Mancini)认为:"如果不了解一个国家的政体、政党体制、经济和政治利益之间的关系模式、公民社会的发展,以及其他社会结构要素,就无法理解它的新闻媒体。"(Hallin & Mancini,2004,p.8)简单地说,社会环境的结构造就了媒体内容的差异。

新闻媒体并不是独立于更大的公共领域的存在。媒介体制与政治体制通常有着"共同的历史根源","为同一历史所塑造"(Hallin & Mancini, 2004, p. 46)。此外,新闻媒体也根据相关公共政策和投资机制的建立,相应地进行结构调整。汉弗莱斯(Humphreys)曾研究过第二次世界大战后欧洲政党的变化,以及向*自由放任*经济体制的转变如何"导致了后来报刊的'去政治化'"(Humphreys, 1996, p. 41)。可以说,新闻内容中印满了与社会体制共同演进的历史印记。

多纳休、奥利恩和蒂齐纳(Donohue, Olien, & Tichenor, 1985)曾做过一项研究,证明20多年来,编辑们的思想变化反映了社会的日益多样化和多元化。这几位作者的另一项研究(Donohue, Olien, & Tichenor, 1989)则显示出,社区的多元化程度与新闻、广告内容相关。汉弗莱斯的研究还揭示出合意民主国家和多数民主国家的媒体内容是有差异的(Humphreys, 1996, p. 11)。国家架构的差异导致了媒体结构的差异,并最终导致了媒体声音多元化的差异——合意民主国家允许更加多元化的声音(另见 Hallin & Mancini, 2004)。

欣德曼、利特菲尔德、普雷斯顿和纽曼(Hindman, Littlefield, Preston, & Neumann, 1999)研究了社区结构多元化和种族多元化对报纸的少数族裔报道的影响。他们把结构多元化定义为"社区内的特异性和差异化程度"(p. 256)。他们得出结论说,只有当编辑把少数族裔列入最重要新闻源名单时,社区结构的多样化才能在报纸上有所体现。这项研究还发现,一个社区的种族多元化程度越高,编辑就越有可能重视少数族裔报道。

相同的结构生产相类的内容,不同的结构生产的内容各不相同。张、王和陈(Chang, Wang, & Chen, 1998)的研究显示出中美两国不同的社会结构如何以不同的方式,塑造了不同的新闻价值观,最终生产出不同的电视新闻内容。同样,社会结构的变化也会导致媒体内容的变化。孙、张和于(Sun, Chang, & Yu, 2001)揭示了中国的经济改革和开放政策如何最终导致国内和国际新闻的变化——部分原因是新闻媒体对变化中的受众期待做出了回应。

有些研究——如美中比较研究——以国家为单位，而另一些研究并不将社会结构和民族国家相提并论。事实上，许多内容研究都是从宽泛意义上的政治、经济或社会差异出发的。例如，黑德所做的电视节目内容比较是按照"第一、第二和第三世界"分组的（Head, 1985, p.322）。哈林和曼西尼（Hallin & Mancini, 2004）根据政治、经济和技术的相互作用方式，区分了三种影响媒体结构，并间接影响媒体内容的"政治体制"，分别是地中海或极端多元化模式、北欧/中欧或民主社团主义模式和北大西洋或自由主义模式；然后据此研究了18个国家与这三种政治模式或社会结构的匹配程度。

关卡上的作用力 有关社会结构如何决定新闻内容的研究，关注的是社会体制通过何种方式，给"媒体机构及新闻工作者制造他们必须应对的约束和机会"（Hallin & Mancini, 2004, p.296）。在媒介体制与特定政治、经济体制并行发展的历史过程中，这些约束和机会相继发生。在同一体制下，媒体工作者对相同约束和机会的理性反应必然表现为媒体内容的相似。由于同一体制下可能有不止一条理性路径，我们有可能看到，理性行动者的反应策略会有微小差异。行动者有一定的腾挪空间，但是被框限在社会结构制造的约束和机会之内。有一些学者采用偏社会学或文化学的方法研究体制逻辑（Hall & Taylor, 1996）。他们侧重于研究在为社会结构所决定的媒介体制基础上，行动者怎样被社会化为特定的体制角色，并规制其行为。

意识形态

文化研究的传统，无论是英国版（如 Turner, 2002）还是美国版（如 Warren & Vavrus, 2002），都把注意力放在意识形态对构建媒体讯息的作用上。媒介社会学一直把这一概念作为在社会或国家层面解释媒体讯息共性的有力工具。例如，弗格森（Ferguson, 1998）指出，欧洲的电视、广播、电影和报纸上有独特的欧洲种族观念的印记。恩特曼和罗杰基（Entman & Rojecki, 2000）则指出，美国的种族观念影响了美国新闻出版物、电视、电影和广告。韦尔（Weill）断言，在20世纪50年代和60年代，密西西比州的白人编辑在把关过程中通常会"抹去民权运动的任何积极作用"（Weill, 2001, p.559）。媒介学者普遍认为，种族观念是媒体讯息生产中非常重要的因素。观念和意识形态确实非常重要，不过我们必须搞清楚研究者都是怎样使用这些概念的。

如前所述，有些人在个人层面上讨论意识形态的影响。例如，恩特曼和罗杰基研究种族和媒体时，把意识形态视为与年龄、受教育程度和知识水平并列的变量，用于解释个人种族态度的形成。在他们的研究中，意识形态的操作定义是："用自由、温和或保守来自我定义"（Entman & Rojecki, 2000, p.24）。这种方法在实证主义传统中是可行的，因为在这里，意识形态不是一个"社会事实"（Morrison, 1995），只能通过个体体现出来。实证主义分析认为，意识形态不适合作为社会层面的要素出现在研究中。

威廉姆斯将意识形态定义为一套相对正式、意义清晰的价值观和信仰体系，可以抽象为"世界观"或"阶级意识"（Williams, 1977, p.109）。斯威德勒（Swidler）提出了一个几乎相同的定义，称意识形态为"明确、清晰、高度有序的意义系统"（Swidler, 1986, p.278）。贝克尔的定义是："意识形态是一套完整的参照体系，我们每个人都通过它了解世界，并依据它调整自己的行动。"（Becker, 1984, p.69）这些定义都清晰地表明，意识形态清晰可见，具有整体性、有序性或系统性等特性，能够对社会产生影响。

意识形态的这些定义提出了一个重要的经验性问题：我们真的能够在美国或其他国家辨识出威廉姆斯、斯威德勒和贝克尔定义的那种清晰可见、完整有序的意识形态吗？说实在的，在美国很难找到一套能代表美国人的逻辑清晰且完整的单一意识形态体系。事实上，美国历史既是观念冲突的历史，也是思想共识的历史。例如，种族不平等观念与自由主义观念之间的固有矛盾是美国历史上许多冲突的根源（自由主义表面上要求人人平等）。这把我们带回了刚才讨论过的系统问题，令我们不能不意识到，社会并不像表面上那么有序，我们也由此看到意识形态的历史性。

甘斯提醒我们，意识形态"随着时间的推移而有所变化"（Gans, 1979a, p.68）。确实，意识形态标签有时候被到处贴，有时候又不受欢迎（Eisinger, Veenstra, & Koehn, 2007）。斯威德勒在她关于意识形态对文化的影响的解释中，把这种变化置于核心位置。她认为，一个社会总有安定和不安定的时期，在安定的时期，思想繁荣多样。她还论述说，清晰或系统化的意识形态是对社会不稳定时期特有的竞争性权力关系的回应。

关于意识形态和社会稳定状态之间的关系的论断很有帮助。需要指出的是，斯威德勒的论点至少在一个关键点上和葛兰西著名的意识形态理论是一致的，即意识形态是由权力精英建构并维护、用于强化现有权力关系的工具。葛兰西的霸权理论（Gramsci, Hoare, & Nowell-Smith, 1971）认为，媒体是权力的代理人，制造虚假意识（另见 Lewis, 1999）以维持权力精英的统治地位。

克里伯（Creeber, 2004）的研究显示，尽管英国的地理、种族、宗教、文化和语言多样性令人难以置信地丰富，但英国广播公司（BBC）的"英伦"视角始终是很狭隘的，这就是英国权力精英的视角，在这样的视角下，反面的声音被边缘化（另见 Richardson, 2001）。克里伯同时也指出，新媒体挑战了共同文化的概念后，这种狭隘的英伦观荣光不再。大多数学者并没有因为媒体渠道增加而受到鼓舞（Carter, 1998）。他们认为，占支配地位的意识形态左右了在公共话语中使用的语言和迷思（Barthes, 1972），因此它不太可能轻易被撬动。其他人则认为，媒体为企业所操控，说明它还是被经济上占支配地位的阶层控制（Bagdikian, 2004；McChesney, 1997）。

有些讯息之所以被选中，是因为它们强化了现状；而另一些讯息之所以被选中，则是因为它们指出了维持现状所必须应对的潜在危险。在水门事件期间，媒体关于这一丑闻的报道以个人犯罪为框架，虽然严厉谴责了理查德·尼克松总统和他的顾问，但并没有质疑美国政治体制的合法性。正如吉特林（Gitlin，1980）所指出的，整个事件最终变成了对美国体制的赞美——它是如此之优异，以至于公众委托的看守者犯了罪，它仍然能够幸存下来。

霸权理论想告诉我们的是，把关人有时也会选择批评现状的讯息；事实上，为了保持合法性，美国媒体机构必须在一定的意识形态框架内扮演反对派的角色。伯齐和哈里（Burch & Harry，2004）研究了加利福尼亚州四种报纸对杀虫剂问题的报道，他们发现，激进的杀虫剂反对者被引用次数高于中立者或支持者。"研究结果强调，总的来说，新闻媒体一方面讲述充满冲突的反霸权故事，另一方面，在更宏观的政治经济体系中，它又作为统治霸权重要的组成部分发挥着自己的作用。"（Burch & Harry，2004，p. 566）

在这里，我们看到霸权理论的一个显而易见的陷阱即不可证伪性：如果新闻媒体充斥着主流意识形态话语，那么霸权理论得到证实。如果一种反霸权话语占了上风，那么仍然表明霸权理论得到了验证。有什么办法可以区分这种霸权效应与那种霸权效应呢？或者说，也许我们应该研究是否确有始终不变的霸权效应？

21世纪以来，一些学者对所谓美国霸权的力量提出了质疑。恩特曼（Entman，2003）认为，精英们并没有霸权理论所暗示的那种权力。他断言："冷战共识已经土崩瓦解，这意味着精英之间的分歧不再是例外，而是常态。"（Entman，2003，p. 5）他将这一认知具体化为美国总统不再有能力为白宫记者团建构外交政策报道的框架。换句话说，意识形态不再像以前那样浑然一体，条理清晰，或者说系统化。当然，也有人持相反的观点，认为在21世纪，只能说保守主义霸权更加强大。凯尔纳（Kellner）写道："权力高度集中在企业家群体手中，

他们控制着强大的媒体集团,强化了对重要新闻和信息的操控。"(Kellner,2004,p. 31)

关卡上的作用力 意识形态或霸权诱导把关人选择那些貌似获得了被统治者同意,实则服务于权力精英的讯息,以此方式操纵新闻内容。主导意识形态不仅仅建立在统治精英对新闻内容等事物的决定权上。精英们辩称自己的"世界观代表了各方的利益,而不仅仅是统治集团利益",并以此获取霸权地位(Condit,1994,pp. 206-207)。根据霸权理论,统治阶级的世界观决定了把关人如何看待事件并生产新闻。在统治阶级世界观的支配下,把关人全盘接受了这个世界及其权力关系(Hall,1989)。通过涵化和教育,这种意识形态已经内化并体现在把关人的行为中。

文化

顾名思义,文化研究就是关注文化在媒体讯息构建中的作用,在这个过程中为一个古老的概念注入新的活力。文化是个定义众多的概念。在很大程度上,它被理解为一种国家层面的现象,许多跨文化研究都是跨国家的研究(例如,McCann & Honeycutt,2006);也有机构层面的研究,如编辑部文化(见 Marcellus,2005);还可以指常见的社会实践,如消费文化(见 Milner,2004)或美容化妆文化(见 McGee,2005)。事实上,从某种意义上说,文化就是一组共同或共享的社会实践。这些社会实践构成了一种生活方式——以某种模式化、规则化、统一的或系统的方式做某事(Bourdieu,1977)。文化在某种程度上通过共享的符号、仪式、价值观和规范建立它的规律性和统一性,并赋予生命以意义。

文化研究提出的问题和意识形态研究相类。例如,文化一定是统一的或系统的吗?科恩(Cohen,1974)论道,当社会从简单进化到复杂时，文化就会变得更具异质性。而斯威德勒指出，文化没有统一样式，而是包含了"多样，且经常相互冲突的符号、仪式、传说和行为规范"（Swidler，1986，p.277）。文化提供了丰富的"文化元素"工具包，可用于"构建各种各样的行动策略"（Swidler，1986，p.281）。工具包里既有价值观、观念、符号，也有规范和仪式。说一个国家只有单一的文化肯定是不正确的。虽然学者们可能会谈论美国信仰，即独特的美国价值观、观念和规范，但真相其实是，所谓美国信仰中充斥着不同价值观、观念和规范的冲突。

新闻内容的文化研究有多种分析方向。有的研究考察了文化价值观对新闻内容的影响，如拉维（Ravi）的研究发现，五个国家的报纸对伊拉克战争的报道差异反映了这些国家不同的文化价值观和习俗。拉维总结道："看起来，报纸的报道反映了特定社会中引发共鸣的观念、价值观和思想。"（Ravi，2005，p.59）贝沙（Baysha）和哈拉汉（Hallahan）分析了乌克兰2000—2001年政治危机中的大众媒体报道。他们得出的结论是，媒体在乌克兰文化价值观基础上建构的现实，可被称为"混合了法西斯、内战、冷战和斯大林主义等等情感"的大杂烩（Baysha & Hallahan，2004，p.245）。不过把关人可用的文化工具包是被限定的，"某些东西拥有先天的优先权，例如各种文化共享的那些主题"（Baysha & Hallahan，2004，p.245）。

新闻中会有一些文化价值相对更为突出。拉森和贝利（Larson & Bailey，1998）研究了ABC五年的《晚间世界新闻》节目，分析了"本周人物"栏目中所描绘的人物类型和价值观。他们发现，个人主义、英雄主义和无私奉献，比民粹主义、资本主义和爱国主义更为经常地见于报道中。

科纳（Corner）、施莱辛格和西尔弗斯通（Silverstone）认为，文化工具包不限于文化价值观，其中也包括重要的"文化规范"（Corner, Schlesinger, & Silverstone，1998，p.4）。罗奇（Roach）声称，"新闻叙事……必定是向既定的文化规范倾斜的"（Roach，1995， p.32)。麦卡戈（McCargo，2003）的看法是，在亚洲国家，即使没有法律法规，大众媒体也受到文化规范的监管，这种监管形式在亚洲各国都能被感受到。

文化能够影响新闻过关，同时也为新闻所影响。正如勒温（Lewin，1951）发现某些食物只适合特定文化的人群一样，不同文化判断新闻价值的标准也不尽相同。有些新闻是客观存在的，但在文化上不被接受。例如，在美国，强奸和虐待儿童现在已是可以讨论的题目，但历史上曾经被禁止公开报道（Thomason & LaRocque，1995）。在许多国家，这类选题至今仍然被禁止。

关卡上的作用力　所谓文化影响新闻，就是把关人从文化环境中汲取意义系统，进而影响新闻内容。这个意义系统相当于一个工具包，其中包含文化价值观、规范、观念等。工具包既提供约束，也提供机遇（Geertz，1973）。可以说，文化"将人锁定在某种生活方式中，同时也提供了有关生命意义这类最深层问题的答案"（Laitin，1986，p.13）。从表面上看，把关人做出的选择出自本能，正确或理性。但是科恩对这种文化说有不同的解释，他认为："文化对个体施加的约束并不是来自文化本身，而是来自群体。"（Cohen，1974，p.85）这意味着文化有胁迫的成分。把关人的所作所为变成了出于被迫。在科恩的解释中，文化类似于霸权，精英们使用文化工具包制造了虚假意识，以达到自己的目的。"政治家们承认，诉诸文化，可以很容易地吸引到大批追随者"（Laitin，1986，p.11）。

作为分析层级的社会系统

社会系统、社会结构、意识形态和文化，这些词各自有很多定义和不同的解释逻辑。尽管这些定义生发于不同的学术传统，但是这不妨碍把它们拼接在一起，用于形成关于把关的理论。将社会系统作为

一个分析层级有功能主义的嫌疑，不过坦率地说，此时此刻，我们需要功能主义。就媒介内容来说，社会系统分析就是分析社会结构、意识形态和文化的影响。也就是说，社会系统作为一个分析层面是必要的。社会结构、意识形态和文化都是社会系统的指标。或者说，从社会科学的角度来看，社会系统分析中包含社会结构、意识形态和文化这些变量。社会系统因文化、意识形态和/或社会结构的不同而不同。

用"社会系统"一词来描述这一层级的分析，可能会引发一些问题。"系统"一词可能意味着一个有机、统一或相互关联的整体，这就引出了异质性和同质性的问题。一个系统要达到何种程度的同质，才能被称为社会系统？这个问题没有简单的答案，但有几点线索可以把握：首先，在某种情况下，"系统"可能意味着一个有机且统一的实体，有机强调的是，它是一个"集合"或"由事物组合而成"的整体。也就是说，一致性或内部结构并不是第一位的。其次，尽管系统确实是一个整体，但我们知道其中存在着竞争性的价值观、规范和理念。最后，已经有很多关于大大小小的社会系统的研究，民族国家，或者比它大或小的系统都有人研究过。重要的是，大多数学者具体说明了他们所研究的系统何以为一个"整体"。

意识形态和文化虽然被视为社会系统的指标，但甘斯（Gans，1979a）和斯威德勒（Swidler，1986）都反复强调，意识形态和文化可以是不断变化的。在某一时间点上作为主流意识形态构成部分的某种思想，在另一时间点上可能消失不见。在某一时刻具有支配地位的文化价值观，可能只是一种过渡性的存在。例如，任何关于美国信仰的说法，都应该被质疑，最好是具体地、经验性地质疑。

此外，要了解社会系统如何规制把关过程，必须讲清楚其中的逻辑。例如，功能主义理论已经过时多年了，因为人们认为它只适合稳定的社会系统。而实际上，在关于社会变迁的讨论中，功能主义的解释仍然是很常见的。大众媒体有时就被认为具有维护现状的功能。像美国总统尼克松因犯罪而被迫辞职的案子,就被吉特林(Gitlin,1980)指为新闻媒体的报道强化了政治制度。他说,媒体不去质疑发生这类罪行是否意味着政治体制需要改革,反而歌颂现有制度在个人犯罪中幸存下来的能力——岁月静好,无须变革。吉特林批评道,将尼克松的犯罪解释为个人行为,闭口不谈行政、立法和司法三权之间的问题,这样的调查报道和所谓的揭黑实际上是对体制的支持,从而维护了美国的稳定。他说,新闻媒体虽然谴责了尼克松及其罪行,但从不质疑这个社会系统。

斯廷科姆(Stinchcombe,1987)指出,社会系统内部的张力或对稳定性的威胁,恰恰是社会系统内稳态研究,包括维持稳定现状的社会制度研究所要面对的问题。以中国为例。在 20 世纪的最后 20 多年,中国启动了改革:它把很多村庄(如深圳这样的小渔村)建成了现代化的大城市,受过教育的人从事信息时代的工作,20 年间制造出一个中产阶级;与此同时,通过法律来调控社会变革,以及改革的速度。

这些案例表明,在一个社会系统中,把关人既可以被用于遏止社会变革,也可以被用于控制变革的速度和方向。尽管意识形态和文化等因素决定了把关人看待自然世界的方式,不过社会系统是非常复杂的,制造出的把关人不可能整齐划一。我们将在下一章详细讨论这个问题。

第三部分
把关研究的理论化

库尔特·勒温被认为是传播学创始人之一（Schramm，1980），也是把关研究的创始人（Reese & Ballinger，2001），但在他关于把关的权威性研究（Lewin，1947a，1951）中，并没有提到新闻。勒温先是检视了食物从杂货店或菜园到餐桌的把关过程，然后以此为例，详细阐述了他的理论的"普适性"。他说："不仅食品渠道需要把关，群体中的讯息传播渠道也需要把关，货物的流动、很多机构中人员的社会流动都有把关问题。"（Lewin，1951，p. 187）

　　勒温的场论经历了几十年的演变，但是他从没有在他的任何出版物中清晰地解释这个理论，可能是因为他还没来得及写出来就去世了。我们认为，在勒温的全部文章和书籍章节中，20世纪50年代的著作对于我们理解21世纪的把关大有裨益。皮埃尔·布尔迪厄（Pierre Bourdieu）和约翰逊（Johnson）等人试图重新用场论来解释新闻的选择和构建（Bourdieu，1998；Bourdieu & Johnson，1993）。不过，勒温的场论与布尔迪厄的场域理论是一样的吗？它们各自对发展把关问题的理论化有何帮助呢？

第八章 场论与把关

场论的基本思路是把社会行为置于广阔的背景下进行解释,而不是检验单独的假设。就定义而言,理论应该是一组相互关联、逻辑自洽的陈述(Shoemaker et al.,2004),如果将把关视为更大场域中的诸多相关变量之一,那么应该能够建构一个具有强大解释力和包容力的把关理论。

勒温的场论

勒温开始他的学术生涯之时,正是心理学作为社会科学的一支突飞猛进发展的时期。1910年他从柏林大学毕业时[①],心理学的主导范式是哲学,心理学系不是由多个心理学分支组队,而是哲学系混搭。戈尔德(Gold)在他关于勒温的学术传记(Lewin & Gold, 1999)中

---

① 此处原作有误。勒温1910年开始读博士学位,1914年修完课程,因第一次世界大战爆发,于1916年获得学位。——译者注

写道，勒温年轻时，心理学领域只关注可以观察到的事物。在勒温读研究生期间，对他影响最大的观点是：思想是现实的一部分，是可以用作形成假设和发展理论的重要构念。虽然思想是看不见的，但作为理论构念，思想既可以从理论上定义，也可以从操作上定义。

勒温是恩斯特·卡西尔（Ernst Cassirer）的学生——恩斯特·卡西尔是当时科学哲学领域的领军人物——并很快作为卡西尔建构主义范式的拥趸而名声大噪（Lewin & Gold，1999，p.8）。卡西尔和勒温认为，任何事物，任何根据理论设想出来的构念，都可以被测量，人们能通过理论建构发现它们之间的关联。这是一个当下大多数社会科学研究都接受的观点，但是在20世纪20年代，这种观点是很激进的。

第一次世界大战后，勒温成为一名年轻的心理学家。当时的心理学普遍认为，构念之间是有因果关系的。同时流行的还有整体论，整体论认为，研究社会行为时应引入一个相关构念集。这个论点就是后来格式塔心理学的基础。勒温清醒地看到整体论的无法验证性，将之比喻为"一个人徒然地挥舞双臂解释一个令人费解的现象"（Lewin & Gold，1999，p.9）。不过他还是相信解释人的行为需要更为宽广的视野。

最终，勒温建立了可以用于检验定量数据的方程。除了检验二元关系，勒温还将多个变量引入方程，以检验完形性。每个变量都用相关系数来表示其对整体的作用值。这也是当时刚兴起的逻辑实证主义的方法，逻辑实证主义认为只有可检验的理论是有价值的。勒温，还有其他一些学者开始相信，只要心理学家能够辨识出适当的构念，并将它们作为变量带入方程进行测量，就可以发展出与物理学一样有效和可靠的心理学定律。

随着学术生涯的展开，勒温开始在他的著作中提到场论，但是没有清晰的解释。不过跟随他的学术足迹，就会注意到，勒温的场域理论就是今天学者常用的多变量分析。当我们要在两个概念之间建立因果关系时，我们会对双变量关系的多种可能解释进行辨识和统计控制，也就是说，我们要了解二者关系发生的整体情境。如果放在今天，勒温会开发出数个理论模型，用结构方程模型来测试数据是否支持理论。他的作用力概念相当于回归方程中的 β 系数。

所以，在勒温看来，"场"是所观察现象发生于其中的复杂环境。食物到达餐桌（见图 1.1）的把关模式是一个格式塔，是包含了多情境的场（多渠道、多环节），预测食物用途的公式演示了选择和决策（关卡或变量）的过程，以及影响选择和决策的多种作用力。

把关研究及相关理论

勒温的学生大卫·曼宁·怀特在 1950 年对一位报纸电讯编辑做案例研究时，第一次将把关理论引入了大众传播研究。但怀特在描述把关时没有提及场论。由于怀特的这个缺陷，后续的把关研究虽然成果众多，却都乏善可陈。从 20 世纪 50 年代到 70 年代，出现过一股把关研究的热潮；然而，关于把关的理论研究发展得磕磕绊绊。

早期的传播学者很少关注勒温的场论或者说生态视角，回归勒温理论的呼声无人响应。布朗（Brown，1979）认为，对勒温场论的无视导致把关理论漏洞百出。在新闻媒介研究的社会学转向中，以甘斯（Gans，1979a）和塔奇曼（Tuchman，1978）等为代表，研究者通过将把关人置于机构和社会背景之中，填补了其中一些漏洞。

休梅克（Shoemaker，1991）回归了勒温的整体论，并引入了分层级的把关分析，还建立了几个显示把关场中诸要素的模型。这种分层级分析方式使得变量和发现可以更方便地相互比较，推动把关研究向理论化迈出了重要一步。在本章中，我们将从整体视角出发，揭示五个分析层级中的众多构件如何作为一个场共同运作。

图 8.1、图 8.2 和图 8.3 是根据我们已经讨论过的层级，对已知把关环节的汇总。图 8.2 和图 8.3 是图 8.1 的局部放大图。图 8.1 是场的

完整示意图，但对传播机构内部和单个把关人没有做具体说明。图 8.2 描绘了传播机构内部的把关过程，图 8.3 则显示了把关人的个体心理过程。在图 8.1 中，圆圈表示单个把关人，把关人前面的竖条表示关卡，每个关卡前后的箭头表示影响讯息进入关卡的作用力，以及随后发生的情况。大方块代表传播机构，小五边形代表社会和体制因素。每个关卡都有一个或多个进出通道和把关人，控制一个或多个讯息或潜在讯息。

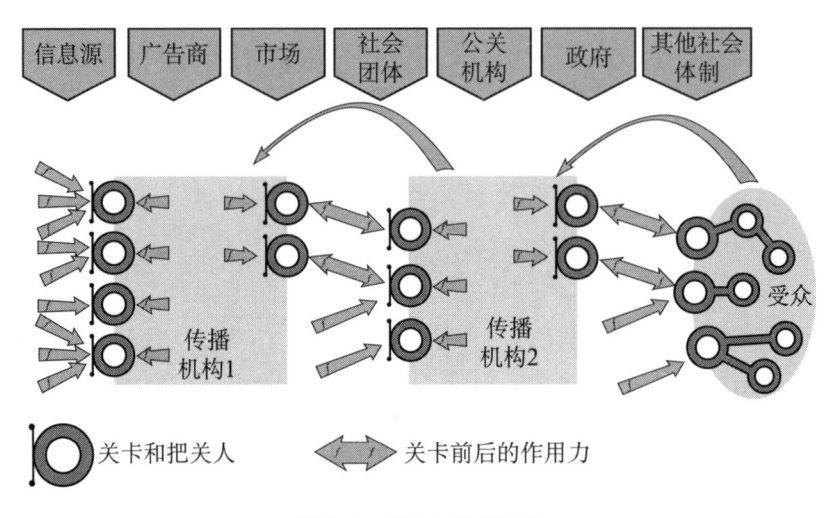

图 8.1 场的完整示意图

注：机构之间的关卡和把关行为为社会系统的意识形态和文化所决定，并受到社会和体制的制约。以传播机构为例，它们可以是通讯社、在线媒体、公关机构、电视联播网或报纸。

* 关于机构内的具体关卡设置参见图 8.2。

** 关于个人的具体关卡设置参见图 8.3。

各种潜在的讯息通过各种各样的渠道传送到各种类型的传播机构，如通讯社、博客、公关机构、报纸或电视联播网，把关就从此时开始了。每个机构的入口处都可能有多个边界角色人把关，行使控制讯息进入的权力，并有权修改新闻。

从图 8.2 的局部放大图可以看到，在一个复杂的机构中，讯息入口处的边界角色人可以将选定的讯息传递给内部的一个或多个把关人，这些人执行进一步的选择，同时可能以各种方式改造讯息。经过两次选择留存的成形讯息被传输到出口，供那里的边界角色人做最终的选择和修改，然后直接传送给受众或另一个传播机构（见图 8.1）。从传播机构 2 到传播机构 1（以及从受众到传播机构 2）的反馈环显示，接收者的选择标准高度影响讯息的输出选择。图 8.2 显示，机构的决策程序是嵌入内部传播常规和机构特征中的，把关人在这些常规和机构特征的规制下做出决策。图 8.2 还描述了"从众思维"现象（Janis，1983），特别是在具有凝聚力的把关人群体中。

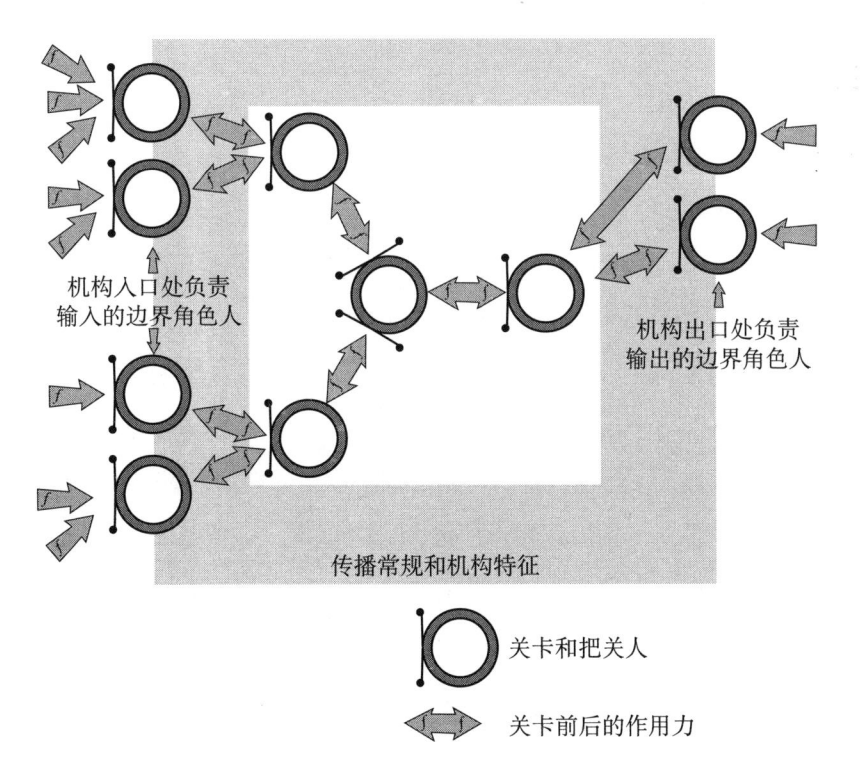

图 8.2　机构内部把关示意图

注：传播机构内部的把关以传播常规和机构特征为依归。

图 8.3 描绘了可能影响个体把关过程的各种心理过程和个人特征，包括认知启发技术、思维模式、社会化、二次评估、价值观、态度、决策策略、角色观和工作类型。宏观地看，把关模型植根于社会意识形态和社会文化，机构内部的把关则植根于内部传播常规和机构特征，在个人层面上，把关也植根于个人生活经验。

把关理论 132

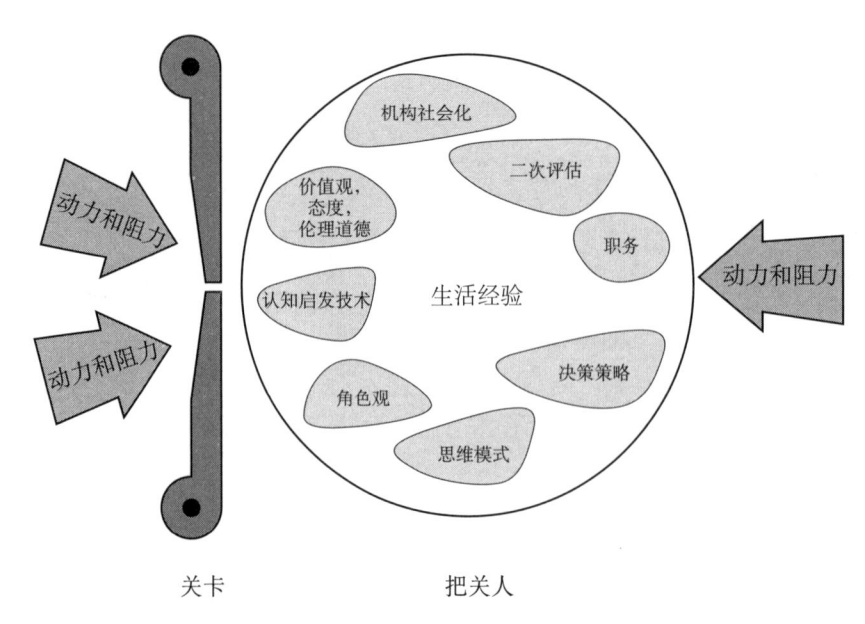

```
      关卡                    把关人
```

图 8.3　个体把关示意图

注：个人层面的把关植根于生活经验。

图中文字：动力和阻力；机构社会化；二次评估；价值观，态度，伦理道德；职务；认知启发技术；生活经验；决策策略；角色观；思维模式

综上，我们已经看到了把关过程的复杂性。个体把关人有自己的好恶，有对自己工作性质的设想，有自己思考问题和决策的方式，有自己的价值观，这些都会直接影响讯息的取舍（和塑造）。不过把关人并不能随心所欲，他们必须在传播常规下行事。无论是哪种选择，都不能偏离传播机构的架构。机构有自己的偏好，但也不断受到机构外势力的冲击。当然，在这个场中的任何一个行动者——个人、常规、机构或社会体制——都无法逃避这样一个事实：它们受制于社会系统，也从中汲取营养。

所有这些因素都相互作用着。当我们认识到这种相互作用时，模型就会变得更加复杂。正如我们在前几章中所指出的，在某些情况下，当一条讯息通过一道道关卡时，作用是可以叠加的，每过一道关，被最终选中并形成新闻的可能性就增加一点。多因素的结合还有可能产生相互阐释或者相互干扰的作用（Shoemaker, Tankard, & Lasorsa, 2004）。

简单地说，不能孤立地研究这个模型中的单个因素。例如，某个记者对讯息通过关卡负有多大的责任？"记者行使自由裁量权的空间总是很大的。"（Tunstall，1971，p.23）实际上，从被研究过的媒体机构来看，裁量权的大小因媒体类型而不同。阿博特和布拉斯菲尔德（Abbott & Brassfield, 1989）发现，电视台的具体把关人似乎比报纸同行拥有更多的决策自主权。不过，记者的决策特征也是由机构常规塑造的。例如，赖特和巴伯（Wright & Barbour, 1976）的研究得到一个结论：当天能达到最低标准的第一条，或者最新的一条（即最新新闻）会被选中。做出这类选择时，起决定作用的是机构常规。把关人都面对潜在讯息不断涌来的问题，大多数把关人同时还面对着截稿期的压力，这就要求他们在保持新闻敏感的同时，还要保证高效的决策。现在计算机接管了版式和设计，选择高质量的新闻就容易些了，因为人们可以随时改变主意，而不会伤筋动骨，或者提高成本。

还有一些多因素共同作用的例子。保罗和埃尔德（Paul & Elder, 2002）的研究显示，个体往往是以自我为中心的，倾向于相信自己的想法是正确的。但他们又指出，媒体把关人在把关时会从自我中心扩展为"社会中心"（Paul & Elder, 2002，p.195），也就是相信群体或国家的行为是正确、正当的。在决策过程中，社会意识形态有可能凌驾于个体的自我中心倾向之上。他们认为，持批判性思维方式的人能够抵制以社会为中心的观念。当然，有些意识形态可能在一定程度上加强了自我中心的倾向，而有些意识形态可能拒绝接受批判性思维。

前面的章节曾经提到过，一项研究显示，记者的性别对媒体内容几乎没有直接影响（Liebler & Smith, 1997）。新闻业常规似乎压制了性别差异。然而，有一个变量可以被加进来试试，即把关人的职业角色观。记者的职业角色观大体分为两类：主张媒体阐释新闻和主张媒体传播新闻。女性主义观点（如 Tanesini, 1999）断言，男性和女性眼中的世界是不一样的，研究者应该可以从新闻作品中看到男女新闻工作者对事件和观点的不同解读。杜兰（Duran, 2001）的研究则指出，在不同的社会中，女性主义观念是不同的。如果她是正确的，那么同样主张媒体阐释观的男女记者，他们的作品的差异也许可以用社会系统作为解释变量。受众可能宁愿媒体人是新闻的传播者，而不喜欢媒体人作为新闻的阐释者（Schudson，1978），这就是为什么阐释新闻观不容易确立。不过，受众的态度也会因新闻机构的类型而有所不同。与报纸和电视联播网相比，杂志和博客的受众往往更能接受阐释性新闻。某些社会的受众对阐释性新闻情有独钟。

研究把关过程中的多种影响因素时，很容易掉入诠释的陷阱：如果先行设定某个变量比其他解释性变量重要，就容易形成所谓的短路谬误。诠释本身并没有错，它只是需要经验的验证。麦科切斯尼（McChesney，2004）有力地论证了经济精英的意识形态如何决定了新闻。不过，关于意识形态影响的论证有时是这样的：我们之所以有这样的新闻，是因为新闻"直接来自一个基本非竞争市场中利润驱动的新闻体系"（McChesney，2004，p.57）。赫尔曼和乔姆斯基（Herman & Chomsky，1988）构建的影响新闻的层级模型，罗列了很多"过滤"新闻的因素，其中强调了意识形态对新闻的重要作用。他们对中美洲新闻报道的研究，着重分析了美国政府如何故意使用谎言和宣传支持了对众多无辜的中美洲人的杀害。但是除了指责媒体是政府的走狗之外，他们几乎没有讨论媒体在传播这些信息时具体起到了哪些作用，而只是说"媒体根本不想了解事实，只是一味宣传美国政府的目标和观点"（Herman & Chomsky，1988，p.194）。

意识形态确实是新闻内容的一个强有力的解释性因素，特别是与个体因素相比。但是与常规和机构相比，意识形态的力量也不是那么强大。甘斯说，美国新闻业"并没有简单地充当精英、建制派或统治阶级的驯服工具，它对什么是国家与社会的良序，有自己的价值判断"（Gans，1979a，p.62）。通过对五个层级多因素的通盘分析，短路谬误是可以避免的。

探索不同分析层级中的影响因素，可以看清把关的细节和各种细微的差别。但是这种对细节的过度关注也可能导致对全局的忽略，或者说只见树木不见森林。场论的优点就是关注全局，关注森林。可以说，场论揭示了各种因素如何相互作用，构成了把关的整体环境。如果真要推进把关研究的理论化，而不是停留在对各层级解释性因素的分类上，就必须回归到场论。

场论理论和当代把关

布尔迪厄的场域理论填补了把关研究中因忽略场论而留下的空洞。勒温和布尔迪厄是不能互相替代的，但是他们的理论有很多互补之处。这两种理论有明显的差异，比如勒温确信可以用数字度量关卡前后的作用力，布尔迪厄则忽略或避免使用这种措辞。有些差异甚至是深刻的。例如，在勒温的理论中，个人处于场的中心，这反映了勒温的心理学背景；而在布尔迪厄的场域理论中，媒体机构位于中心地位，这是布尔迪厄的社会学取向决定的。

二者还有一些相近之处。在这两种理论中，场的概念覆盖微观、中观到宏观各个层面，并且都强调，理解任一单独现象都需要研究多个变量。此外，二者都关注各个分析层级之间的关系。21世纪的场域理论"关注的是宏观结构与机构常规以及新闻实践的关系，强调权力是动态的"(Benson & Neveu, 2005, p.9)。个体把关人的决策受到宏观结构、机构常规和新闻实践的限制，但宏观结构并没有直接干涉常规或新闻实践。尽管宏观经济结构影响着大多数西方媒体，不过，作为一个有深厚历史传统的场域，新闻业依仗其独特的社会资本，始终保持着一定程度的自主性。新闻媒体的体制特征和常规给把关人提供了免受外部势力冲击的保护伞。

新闻场域是一个独特的社会体制。它不是各部分的简单组合，而是全部微观、中观和宏观因素相互联系、相互作用的整体。就像我们曾经提到的，研究一个或两个因素只能看到把关过程的不完整画面。本森（Benson）和内维尤（Neveu）主张，布尔迪厄的场域理论"为媒体研究开辟了一个新的分析单元：相互作用与反作用的记者和媒体机构整体"（Benson & Neveu，2005，p. 11）。这样的观察与勒温的生态观点颇为相类。场域之中每个因素和每个行动者的在场都对其他因素和其他行动者的行为产生影响。例如，电视新闻机构影响了报纸机构，公关从业者利用把关常规达到自己的目的，意识形态和文化价值观限制了把关人行为的选择，等等。

尽管分析单元这个词和分析层级不是一个意思，但是，本森和内维尤（Benson & Neveu，2005）关于分析单元的说法确实提供了很多可能性，为把关研究开辟了新的"场域"。他们关于新闻场域因社会系统而异的观点，将把关研究引向跨文化比较的方向。不过，本森和内维尤至少有一次对场域理论在把关经验研究中的作用有点言过其实，他们断言，"在半自治的新闻场域中，一些以往未被关注过的变量开始显现，如中观层面的机构、专业主义和意识形态空间"（Benson & Neveu，2005，p. 17）。这个断言是不符合事实的。这些变量并不新鲜，它们已经被注意并研究过，研究变量之间的相互作用也不是什么新鲜思路。我们在前面的章节中没有涉及这些变量，因为它们应该在本章被讨论。本章专门讨论各种因素如何共同作用，选择和生产新闻。本森和内维尤的另一个观点是，研究特定的孤立因素对把关的作用没有太大价值，"准确地说，没有哪一种作用是单一因素产生的，所有因素都相互作用。所以应该建立一个更'宏大'的理论模型"（Benson & Neveu，2005，p. 18）。只要我们能够描述出模型中的各类因素是如何相互作用的，那就是一个好的模型。

勒温的场论和布尔迪厄的场域理论之间最大的不同，可能就是后者指出把关研究要有历史观。历史观有两方面的含义。一方面，把关研究产生了大量研究成果，描述新闻是怎样生产出来的。需要记住，这个描述是动态的。技术、政策或实践的历史性变化都促使对信息与讯息的选择和新闻生产发生变化。例如，网络新闻的出现带来了把关的新动力学。辛格描述道："网络和报纸不同，它不是一种有限的、有形的媒体形式；相反，它是多讯息同时流动、全球性的，又是极端个性化的。"（Singer，2001，p.78）这些变化对把关意味着什么？有本书的章节用了这样的标题——"关卡的没落"，真的是这样吗（Gillmor，2004）？学界对此看法不一。威廉姆斯和卡尔皮尼（Williams & Carpini，2004）认为，机构对把关的影响应该改写。但是另一些研究（Arant & Anderson，2001；Cassidy，2006；Singer，1997，2005）看到了新旧媒体之间的连续性。他们的结论是，网络新闻媒体依旧沿用着印刷媒体的既有常规。

当然，技术变革并非自互联网始。关于把关的变与不变的研究在电视新闻出现时就开始了（Abbott & Brassfield，1989；Berkowitz，1990b）。当时的研究发现，不同的机构设置有不同的把关方式。不过，印刷媒体和电子媒体的把关过程仍有相似之处（Abbott & Brassfield，1989）。旧媒体和新媒体之间的连续性可能使我们误以为历史终归不是那么重要。然而，这种连续性恰恰表明，即便发生的是技术和制度的变革，也无法摆脱原有的、既定的常规。在这种历史连续性中，新闻场域的相对自主性也得到了凸显——新闻业有能力抵抗外来的压力。

布尔迪厄场域理论指出的历史对把关研究的另一重影响是，我们对于把关的理论思考应该在历史中不断重塑。只有将成熟的理论概念运用于新的历史环境中，才能保持与时俱进。例如，甘迪（Gandy，1982）和其他学者（如 VanSlyke Turk，1986a）的新闻津贴概念已经被用于研究新的津贴形式，如视频新闻稿等（如 Cameron & Blount，1996；Machill，Beiler，& Schmutz，2006）。不过，这种旧瓶装新酒的方式无助于把关研究的理论化。布尔迪厄关注的是，历史以何种方式创造出强大的行动者或强制性的常规，倾侧了竞争场域。布尔迪厄曾说，把关是"既往争斗遗留下来的可能性空间，它往往会为寻找解决方案提示方向，从而影响当下和未来的产出"（引自 Benson & Neveu，

2005，p. 95)。

新闻角色观的演变可以作为支持这一观点的例子。历史上先后出现过各种各样的新闻角色观。由于种种原因，在 20 世纪和 21 世纪初，传播者角色观成为美国新闻学的核心和灵魂（Schudson, 1978）。我们可以把传播者角色看作多变的新闻角色观之一。角色观并不是由个体把关人选择的，传播者角色是经过历史洗礼的价值观。改变这一角色观，必将遭到受众的抵制，因为受众认为传播讯息是美国新闻业的本质。这就是新制度主义（参见如 Hall & Taylor, 1996；Pierson, 2004）。所谓的*路径依赖*，即一旦做出决定，退出成本就从各方面涌来，使变革变得困难重重。应该注意的是，传播者角色符合媒体机构的利益（Berkowitz, 1987；Sigal, 1973），也符合权力精英的利益（Bagdikian, 2004）。不过，传播者角色观并不是精英或机构打造出来的，它也是历史的产物，在固有路径上不断被强化。有趣的是，网络媒体可能代表着一个根本性的变化，互联网新闻可能正在创造自己的历史，有机会彻底变身为阐释者角色。

历史观的引入并没有改变基于五个层级分析的把关模型。不过它确实影响了我们对新闻场域的看法，或者说，影响了我们观察模型中各种因素相互作用的方式。把关人并不总是为政治精英或经济规则所操纵，因为历史创造了一个有自己的定律和常规的新闻场域。

第九章　信息流通渠道

人们有时用"把关"来比喻"新闻"是如何被媒体发现和选择的，其实这是不准确的。信息是从*事件*开始的，只有当信息被新闻媒体发布或传播出去，信息才变成新闻。一个事件被人们认为或多或少有些新闻价值，才会被选中并将相关信息传播出去。信息源和记者都是这样想、这样做的。从把关理论来看，事件是"原点"，即整个过程的开端。这并不是要否认历史对把关的影响，而是说事件的发生是每一次把关过程的开始。当然，这么说多少有点夸张，因为并不是所有的事件都被平等对待。例如，我们的例行体检永远不会登上主要的新闻媒体，而总统这样的重要人物体检就是新闻。不过，无论如何体检都是一个事件，有关体检的信息要么进入，要么被弹出关卡。我们的体检史（如我们是否曾被诊断为癌症）也就会历经选择、塑造、再现和发布时机这样一个完整的信息过程。

三条渠道

传统的把关理论把发布有关世界上各种事件的新闻的责任派给了记者和新闻媒体,由他们决定每天向受众发布什么信息。其实,如果没有信息源,那么对于大多数事件,记者根本无从知晓。记者直接经历且能够变成新闻的事件是极少数,大多数关于事件的信息来自参与事件、目击事件和了解事件的人。例如,当一架飞机坠毁时,信息会来自坠机幸存者、机场工作人员、其他现场见证者、政府方面的专家、退休的专业人士、航空安全组织,以及飞机部件的制造商。

因此,信息源和大众媒体通常被认为是两个不同的渠道,全世界各种事件的信息通过这两个渠道流动。渠道由多个环节组成,每个环节都有一个入口,控制通向下一个环节的信息流。信息在渠道中流动这个概念简化并澄清了从信息到受众的过程。不过简化也有缺点。在这种模式中,缺点就是,渠道似乎是个被时间定向的单向车道,信息只能按时间顺序从第一环节流向第二环节,不能往返。

在勒温关于食物把关的图中(见图1.1),到达餐桌的渠道是两个,在那个时代,这是仅有的两个食物通道。然而,如果今天创建这个图,就必须增加送外卖、在回家途中取外卖和通过互联网订餐送餐等渠道。在新闻传播过程中应用勒温的模型时,我们也看到了不止两条渠道。因事件的类型和位置,以及时间和空间的不同,渠道的性质也不同。渠道不是固定的或不可穿透的,而是液态的,信息在流向受众的途中,在各种渠道中穿梭。

某事件一旦发生(或媒体获知它将要发生),就会有一些人参与事件,一些人观察事件,而那些利害攸关的人(如政府和私人机构、个人和社会团体)会去跟记者或其他人讨论事件。见证事件或者拥有相关信息的人就是信息源。就信息源而言,重要的是他们的观察技能、短期和长期的相关记忆、他们决定向记者提供什么样的信息。他们有时会主动联系记者，以求在新闻中体现他们对事件的阐释；记者也可能采访他们，以获取有关的信息。

在媒体渠道中实施把关的是记者（包括其他媒体员工和媒体政策）。媒体渠道通常在事件发生，信息开始流向不同渠道后开始运作。记者有时会在现场直接观察事件，然而，大多数时候，他们依赖政府定期提供的新闻稿，或者相互通报世界上的事。记者获知某个事件时，可能会忽略它（就此结束媒体把关过程），也可能向机构和相关个人寻求更多相关信息。一旦事件通过第一道关卡，记者就要决定如何处理讯息，例如用什么样的风格或样式写作。媒体渠道中的关卡包括取舍、重要性比较、新闻的打造、决定报道长度、图文配合，以及出现在媒体上的位置。事件本身或事件的性质是否有新闻价值，这是记者和编辑首先要确定的。一个事件越离奇，或者越具有社会意义，记者和编辑就会认为它越有新闻价值，就越有可能为它打开通道，让事件成为新闻（Shoemaker & Cohen, 2006）。很多讯息被编辑拒绝或修改，只有少数经过处理的讯息传送到受众。一旦到达受众，传统把关过程就此结束。

但是我们相信，至少还有一个渠道是观察把关时不可忽略的，这就是受众提供的与事件有关的信息。一般来说，记者主要是从新闻来源直接获得信息，受众从记者那里获得大部分信息。无论研究的是互联网、报纸，还是电视和广播，应用勒温的把关模式，研究者的观察重点都在信息选择、新闻制作、发布时机和其他内容特性上。在这个模式中，受众不是有积极作为的角色，除非研究对象是受众的接收和内容消费。韦斯特利和麦克莱恩的模型（见图1.3）提出了一个新的可能性，即受众可能是媒体把关过程中一个弱活跃的角色，即使是在那个主要靠信件或电报形式发送反馈的时代。不过当时的学者们仍然假设，受众对内容几乎没有影响，即使有影响也是间接的。休梅克的模型（见图8.1）加入了受众通过广告商对内容产生间接影响的可能性。

但实际上,广告商也很难把握受众与哪些内容有互动,或者他们在阅读、观看或收听什么内容。问卷调查、焦点组访谈、日记和其他方法提供的数据,其信度和效度都不那么可靠。

自20世纪90年代中期以来,许多新闻媒体(先是报纸,然后是电视和广播)向互联网扩展。网络媒体(以及整个互联网)实力越来越强大,到2008年,网络新闻媒体已经能够向观众提供美国总统候选人当天的演讲视频,并配有自动滚动文本,还可以在之后的几周内一直将其留在网上。在民主党提名大会之后,参议员奥巴马的演讲视频和文本很快出现在《纽约时报》网站的"邮件转发之最"列表上,表明很多观众和读者通过电子邮件将这个演讲的网络链接发送给了其他人。

记者自认为为读者挑选并再现了最重要的新闻,而网络媒体则使用自动生成的最受欢迎内容列表,告诉读者、编辑部和营销人员,读者和他们的家人、朋友最关心的是什么。"邮件转发之最"列表反映了记者和受众对重要性的综合判断。

当然,读者把报道转给别人的事历来都有。通常是人们把报纸上的文章撕下来交给家人和朋友,不过这只限于把新闻的一个副本交给或邮寄给某一个人。热心的读者也可能把文章影印了,再发送给几个人,但这比较费事。相比之下,发送电子邮件几乎不费吹灰之力,唯一要做的就是轻敲几下电脑键盘。读者因此可以给很多人发很多新闻,收到电子邮件的人可能再次转发,从而又创造了一个更大的转发群体。随着时间的推移,最受欢迎新闻的读者数量呈现出指数级增长。

图9.1显示,事件发生,经过媒体和非媒体信息源流动到新闻"餐桌"上,供受众消费和分发,在这个过程中,信息流过了三条渠道。在受众渠道中,我们看到互联网上的许多网站,诸如digg.com、reddit.com、YouTube和Facebook,允许任何人发送新闻并发表评论,从而变身为把关人。当读者浏览《纽约时报》网站上的新闻时,他们可能会发现一些与个人或与某位关系密切的人——朋友、家人或同

事——相关的东西。当记者的新闻价值判断呼应了读者的关联感时，读者点击并转发给其他人的可能性也就增加了。我们必须承认，读者现在也拥有了自己的关卡，一旦感觉新闻和自己有关，就会发送给其他受众。《纽约时报》网站还为读者提供了可以书写个人意见的空间，读者可以把自己的意见与新闻一起发送，原初的新闻现在增加了观点或评论，很可能指出了它对接收者的意义。正如记者的写作风格可以吸引读者一样，受众也通过带有个人讯息的报道"吸引接收者"。

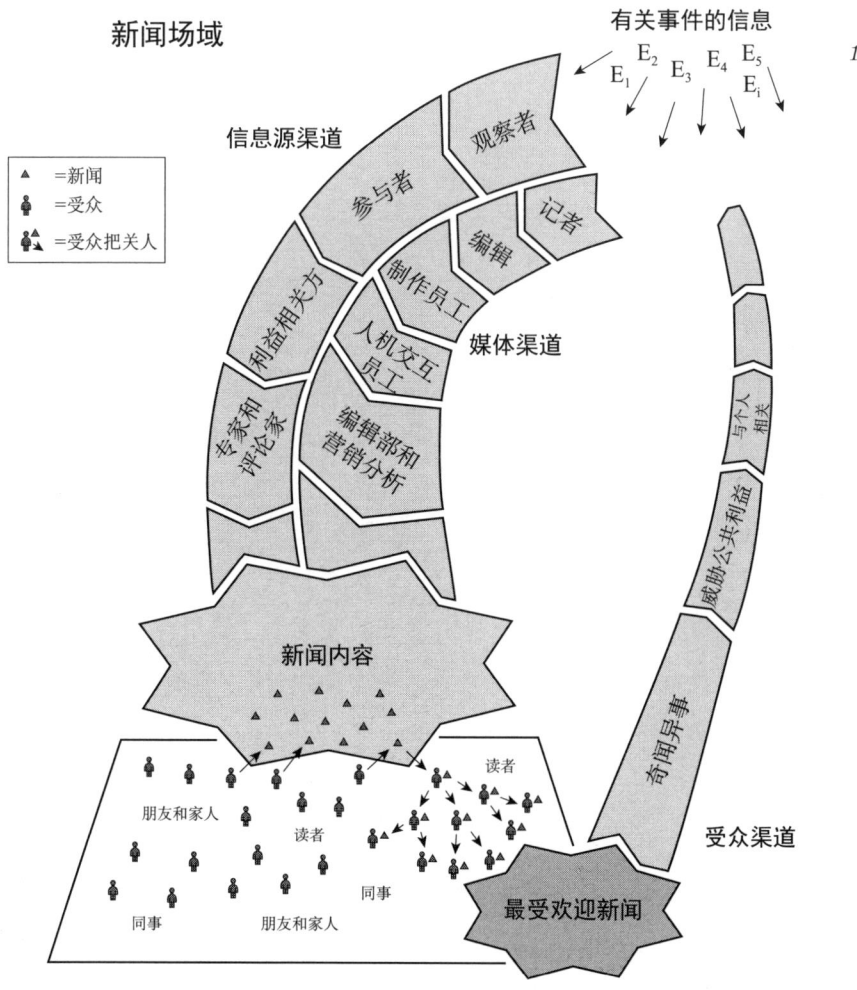

图 9.1 信息源、媒体和受众渠道的把关

抓住读者

从开头就抓住读者，吸引读者的注意力，这是新闻写作的基本准则（Brooks, Kennedy, Moen, & Ranly, 1996; Cappon, 2000; Sumner & Miller, 2005; Zinsser, 2001）。新闻写作教科书都会指导未来的记者如何使用趣事或生动场景开头，以吸引读者（Brooks et al., 1996; Cappon, 2000; Sumner & Miller, 2005）。这些技巧经常在新闻叙事学中被讨论，这是倒金字塔写作格式之外的另一种选择。在叙事新闻中，记者可以按时间展开场景、故事和对话，逐步达到高潮，也可以用倒金字塔格式，按从最重要到最不重要的顺序排列事实（Brooks et al., 1996, p.375）。叙事新闻写作通过设置场景、人物、按时间序列展开的行为、讲述者的解释、与读者的某种关系，引导读者去往高潮（Kramer, 2008）。这种写法常用第一人称或第二人称（例如"我"和"你"）把读者带入情境，并达成与报道中人物的认同（Rossiter, 1981）。

轶事是故事中的故事，用于"告知或取乐"（Brooks et al., 1996, p.379）。新闻报道的开头是个"饵"，记者们被要求或者经常自觉地在开头的部分采用趣闻轶事来吸引读者的注意力。轶事导语从一个人或一件事开始（Rich, 2003）。场景必须生动，"让读者能够看到、闻到、感觉到、尝到或听到"（Brooks et al., 1996, p.376）。美联社的新闻写作指南（Cappon, 2000）建议，记者的描述应该像一张充满细节和特色的图片——里奇称之为描述性导语（Rich, 2003）。

广告学和社会心理学研究表明，人称（"我"和"你"）可以激发读者的带入感（Rossiter, 1981）。直接对话式的用语可以使受众感觉更贴近，感到事件与他们当下的兴趣、需求和活动有关（Greenwald & Leavitt, 1984; Petty & Cacioppo, 1984）。广告、营销、社会心理学和消费者心理学等领域，都研究过人对讯息的个人相关性感知如何影响他们对讯息的评估和反应，以及后续行为（Baumgartner, Sujan, & Bettman, 1992; Christensen & Olson, 2002; Greenwald & Leavitt, 1984; Petty & Cacioppo, 1984）。综上所述，在新闻报道中使用第一人称和第二人称确实会提高读者的带入感。在社论或专栏中常常可以见到这种建立私人关联的写法，专题报道也会使用这种风格。

新闻价值的判断

能够进入《纽约时报》网站"邮件转发之最"列表的新闻，显然通过了许多信息源渠道和媒体关卡才最终进入排行榜。记者和受众对事件的新闻价值评估是众多影响因素之一（Shoemaker & Cohen, 2006）。一般来说，我们可以假设，读者认为"邮件转发之最"列表中的新闻比未列入的新闻具有更高的新闻价值，排名靠前的比排名靠后的更具新闻价值。

早期的研究将新闻价值概括为多种特征。例如：简单、被认同、耸人听闻（Ostgaard, 1965）；重要、反常、显著和可视性强（Buckalew, 1969a）；新奇或古怪；存在冲突或争议；有趣；重要、具有巨大影响或后果；耸人听闻；具有时效性和接近性（Shoemaker et al., 1987）；等等。比较近的一项研究总结了十大新闻价值：权力精英、名人、娱乐、惊悚、坏消息、好消息、重大、相关、后续报道和报纸议程（Harcup & O'Neill, 2006）。我们下面要讨论的是关于越轨和社会意义的最新观点，这也可以算作新闻价值的两个重要方面（Shoemaker, 1991, 2006; Shoemaker et al., 1987）。

越轨 当一个事件偏离了正常的社会价值观和信仰时，可以说发生了越轨。以前的研究认为*越轨*有三种，即规范越轨、社会越轨和统计越轨（Shoemaker et al., 1987; Shoemaker et al., 1991）。*规范越*

轨指行为违反社会规范和法律。社会越轨指行为对社会现状构成明显威胁，如大规模的抗议活动。统计越轨仅指一个事件脱离了常态或者异乎寻常。可以想象，媒体报道的许多事件都是某种程度的统计越轨。在最近的一项网络新闻研究中，李（Lee，2008）发现，越轨行为不仅是重要的新闻价值指标，而且如休梅克（Shoemaker，1996）所说，是人们了解自己生存环境的途径，所以读者会积极主动地寻找越轨新闻。

社会意义 除了一定程度的越轨具有新闻价值以外，某些具有社会或文化重要性的事件也具有新闻价值。社会意义有政治、经济、文化和公共意义四个维度（Shoemaker & Cohen，2006）。政治意义指对国际、国家或地方各级政治系统产生影响。选举、政府行为、通过或否决法案这类事件即属此列。经济意义指对国际、国家或各级地方的企业和商业行为产生影响，如失业、进出口、汇率和预算。文化意义指的是对宗教、种族和语言这类社会系统和文化习俗构成影响。公共意义则是指影响公民福祉。健康、环境和自然灾害类事件均具有公共意义方面的新闻价值。

预测读者转发

休梅克、濑尾和约翰逊（Shoemaker，Seo，& Johnson，2008）的一项研究分析了"邮件转发之最"列表中的新闻的特征。该研究以出现在《纽约时报》网站列表上的一条新闻或一篇博客文章为一个分析单位。列表随时保持25条新闻。学者们设计的样本搜集方案是，在一个月内每天截取一次"邮件转发之最"快照。

研究显示，列表上的大多数新闻是新奇或异常的（但并没有达到违法或打破规范的程度）；也有影响公众福利的，如健康或安全问题；采用传统写作技法，能使读者产生带入感的新闻，入选概率也相对高。学者们发现，记者和受众的选择标准是不一样的。记者传递奇闻逸事，同时也传递违法或威胁社会现状，或具有政治、经济、文化或公共意义的事件（Shoemaker & Cohen, 2006），但受众自己把关时，这些标准并不具有同等的重要性。受众转发的大量的是奇闻逸事，远比记者选择的比例大。在社会规范和法律方面，媒体发布的经常是违反规范和法律的新闻（通常被称为"坏消息"），但受众选择转发的却是遵纪守法的报道。具有政治、经济和文化意义的新闻很少入选受众的列表，不过受众经常会转发威胁公众福祉的新闻。

这项研究结果说明，虽然读者和记者会共享一两种常用的新闻价值标准，但是总的来说，二者的把关标准是不同的。休梅克、濑尾和约翰逊（Shoemaker, Seo, & Johnson, 2008）的研究还表明，读者更喜欢那种把自己带入故事之中的写作方式，也就是新闻专业学生学到的方式，显然这种方式魅力独到。

现在看来，经大众媒体发布后，对新闻的把关并没有结束。在记者根据他们对新闻价值的判断选择事件后，读者又接手了。这第三个把关渠道的标准是新闻对家人、朋友和其他熟人的重要性。读者在网上阅读了一条新闻，或者决定通过电子邮件分享它，或者转而阅读下一条。读者会经常查看"邮件转发之最"列表，将它用作查找有趣文章的一种方式。当然，每天都会有新的文章被添加到列表中，这说明许多读者不断搜索出他们感兴趣的新闻，并转发出去。这项研究还揭示出，被转发的新闻可能有特定的写作方式，这类写作方式大大提高了受众感受到的关联度。

图 9.1 中的把关模型比勒温的图复杂得多，这不仅是因为出现了两个以上的渠道，也是因为在这个模型中，信息可以在渠道之间来回流动。在信息生成的早期，信息源渠道的影响力是最大的，然后媒体渠道开始操控原始信息并将其制作成各种形式的新闻。

世界各地的许多媒体都以"邮件转发之最""博客之最""阅读之最"的列表形式，向读者提供最受欢迎的新闻。各国的受众渠道也向本国和其他国家的受众转发他们认为最有趣的内容。这些"之最"列表还延长了一些文章的寿命，有时候是因为最终读者需要很长时间才能读到推荐文章，有时候一些短命文章虽然被新闻网站从头版撤下，但仍然停留在列表上，甚至停留很多天。

　　现在，因为互联网技术，我们对公众阅读内容的了解比此前大为增加。研究公众对网络新闻的使用已经变得越来越重要。在过去的十年中，上网了解世界大事的读者数量激增。1996年，自述每周至少看三次网上新闻的人只占2%，这一数字在4年间就飙升至23%。2006年，这一比例远远超过30%［皮尤人与媒体研究中心（Pew Research Center for the People and the Press），2006］。此外，网络新闻消费的增加对公众认识世界的方式也产生了影响（Althaus & Tewksbury, 2002; Heeter, Brown, Soffin, Stanley, & Salwen, 1989）。学者们认为，网络新闻媒体改善了受众选择新闻的方式，方便他们找到与自己相关的主题（Althaus & Tewksbury, 2002; Dozier & Rice, 1984; Heeter et al., 1989; Williams, Phillips, & Lum, 1985）。对我们来说，最重要的是，受众渠道改变了自20世纪40年代至21世纪初始终不变的把关模式，更新了把关理论。

第十章　21世纪我们如何研究把关

库尔特·勒温在20世纪中叶开发的把关模型构件（见图1.1）今天仍然有效，其中包括关卡和把关人、关卡周围的作用力、信息流动的渠道和连接渠道的环节。没有哪一种研究大众传媒的理论可以声称拥有如此久远的历史和如此众多的著作。

网络媒体的研究

尽管有人预言，把关概念已经过气了，互联网使之濒临消亡，但在前一章中我们已经论证了，把关理论及其构件仍然可以用于分析21世纪的大众传播。对于学者来说，挑战在于将之创造性地用于这个不断变化的世界，以及采用新的研究方法以保持与时代同步。用前计算机时代研究报纸的方法来研究不断变化的媒体景观当然不可行。我们需要新的软件以捕捉转瞬即逝、不断变化的互联网网站的信息，我们也需要分析内容的新方法。

例如，在奥巴马宣誓就职美国总统的前一个星期五，《纽约时报》的网络版主页为读者提供了一个互动专题栏目［"这也是我的愿望"（I hope so too），2009年1月16日］，用于表达他们对奥巴马总统的期待。在白色的背景下，蓝色的词汇和短语随机弹出，反反复复，这些词汇和短语是《纽约时报》对200位读者进行访谈的结果，涉及边境安全、堕胎、环境、美国全球形象、上帝保佑政府、全民健保等问题。读者点击其中一个，就可以听到被访者简短的话语（"我希望……"）。读者可以随时点击"这也是我的愿望"，表达他们自己的希望。点击后，该问题的颜色变为绿色。读者点击之后，可以看到各个问题的点击数，从而将自己的希望与其他参与者的希望进行比较。

通过这一互动页面，《纽约时报》网络版读者的关注重点被传达给编辑和其他读者，以及政治家和其他新闻源。我们可以把问题/愿望看作一条消息，首先通过源渠道（200名受访者）传播，然后进入媒体渠道（信息被制作成互动的形式），接下来通过读者渠道（"这也是我的愿望"），最后回到媒体渠道（每个愿望的点击数）。这不是一个线性过程；事实上，专题的交互设计就是为了造成阅读和愿望投票的循环。读者通过点击把信息发送给媒体、信息源和读者渠道——循环往复。只有网站编辑可以决定该专题是否还有新闻价值，以及何时将其从关于奥巴马就职典礼的系列报道中删除。

在这个案例中，关卡周边有两个值得注意的变量：一是每个愿望在初始受访者中得到的票数，范围是1到6；二是每个愿望最终得到的票数，都是数以千计。以下假设大概是不会错的：每个愿望最初获得的受访者支持数量与最终获得的读者投票数量呈正相关。下面这个假设大概也是合理的：参与投票的读者数量与互动功能保留在奥巴马就职典礼报道网页上的天数或时间呈正相关。

用传统的标准内容分析方法无法处理这些信息项在信息源、媒体和读者渠道中的流动。前面曾提及，尽管已经有人为特定的研究编写了软件，但社会科学还没有准备好分析网络媒体的方法。研究网络媒体，推进把关理论，需要新的或改进的方法。

网络内容的一个特征就是不断的变化，对研究人员来说，这种特性是一个挑战。例如，某学者需要某个时间点媒体内容的网络快照，他首先面临的艰难抉择就是：一天1 440分钟，应该捕捉哪个时间点？如果学者们的研究对象分布全国或多个国家，新的问题又来了：尽管时间是一个连续变量，但是时区问题怎么处理呢。信息源和读者的时间因时区而不同。同一张网络快照，纽约人看到它是下午6：00，加利福尼亚人看到时是下午3：00，东西部黄金时间相差几个小时。如果研究的对象是黄金时间的网络媒体，哪个算是黄金时间呢？

网络新闻随时都在变化，全世界的人都能在奥巴马就职典礼这类事件发生时实时参与。但是，学者必须意识到，对全世界的读者来说，实时对应着太阳在读者世界中的不同位置，对应着他们的吃饭、睡觉或工作时间。实时的网络媒体，对世界各地的人们来说是不一样的时间体验。中国的午夜是美国的中午。在全球视野下，在哪个时间点上测量信息源及读者特征与网络新闻快照的相关性才是恰当的呢？

变化是网络媒体最有趣，也是最具挑战性的现象，新闻一变，网络媒体立即跟着变。我们需要更好的方法来研究这种现象。连续变量一直在变，研究瞬息万变的现象很难。分析这种时间序列数据的自相关和多重共线性只是诸多潜在问题中的两个。类似把关这样试图描述、解释和预测动态系统的理论，指望着时间序列分析技术的进步。

对普通读者来说，把关理论甚为亲民，它描述了一位优雅但略显急躁的"关先生"，为报纸上每一条新闻的取舍做出决定。勒温天才地将一个复杂的概念解释得清清楚楚，关卡和渠道的比喻简单易懂。尽管他的理论模型旨在研究社会系统中食物选择和分配的变化，但它常常被用于研究新闻的选择，不过还很少有人研究新闻选择的动态过程。研究21世纪大众传媒的学者需要回到勒温模型的出发点——社会变迁。分析静态变量的方法和统计数据，只能解释某一时间点上多案例的差异，所以必须重新建模以研究时间序列上的变化。学者们必须推动分析工具的进步，以研究在这个变化速度越来越快的世界中，传统媒体和网络媒体新闻生产的动态过程。

更多的挑战

我们在此列出了未来把关研究的多个方向。其中一些是休梅克在1991年提出的。这样看起来好像这期间理论上没有什么推进，实际上进展还是相当大的，只不过和1991年的预期有所不同。第一，我们必须继续关注外部环境的变化如何影响了把关。有些研究的论断缺少历史视角，在10年后或者不到10年的今天，看起来有些短视。赫尔曼和乔姆斯基（Herman & Chomsky, 1988）根据静态数据建立的宣传模型预测到了新闻界将会乖乖接受美国企业的要求，不再发声，但是我们看到，新闻媒体还是报道了安然和世通这样的巨大企业的丑闻，这是他们的模型无法解释的。诚然，企业腐败的话题最终不再被提及，作为"看门狗"的媒体也没有能够深入调查与丑闻有关的结构性问题，而且许多媒体仅仅将问题描绘成好企业的堕落（Doyle, 2006）。必须看到，仍然有一些严肃报道不肯被企业利益牵着走，例如促进网络音乐和视频文件交换的报道、评论和社论。这种做法挑战了负责任的资本主义的基本假设（至少在具体事务上）。这些层出不穷的新事物也是赫尔曼和乔姆斯基的模型完全未曾预料也无法解释的。斯威德勒（Swidler, 1986）和甘斯（Gans, 1979a）一直提醒我们，连意识形态都随时间和情境而变化。把关理论的知识体系生产必须跟上时代的变迁。

第二，如果我们要在社会系统层面研究把关，需要做更多的比较研究，因为不同的社会生产不同的媒体内容。已经有一些做得不错的比较研究。费里、加姆森、格哈德和鲁赫蒂（Ferree, Gamson, Gerhards, & Ruchti, 2002）检视了美国和德国堕胎新闻的选择和建构。

他们比较了社会系统、社会体制、媒体机构和媒体常规等变量，并对堕胎新闻的差异做出了细密的解释。确实，如果要像本森和内维尤（Benson & Neveu，2005）所建议的那样研究新闻场域，就必须开展这种跨文化研究。一方面寻找不同社会之间的差异，另一方面发现相似之处。休梅克和科恩（Shoemaker & Cohen，2006）研究了10个国家新闻定义的相似性，从相似性中可以看出某些新闻价值和人类的生物进化有关（另见Shoemaker，1996）。

第三，很多跨文化研究现在遇到了更加复杂的情况，即把关的全球化。全球化给比较研究提出了方法问题，因为样本（社会系统）差异可能并不明显。全球化，也就是沃勒斯坦（Wallerstein，1974）曾经称之为世界系统的现象，显示了新的把关景观：全球性新闻机构已经不仅仅是CNN一家，而是很多家。这就导致来自某个社会系统的机构常规被输出到其他社会系统中，而这些社会有着完全不同的政治、经济环境，以及不同的影响媒体操作的外部环境。这种碰撞还没有得到充分的描述。同样未被充分认识到的还有，全球化创造了新闻机构跨国连接。科恩、利维、鲁和古雷维奇（Cohen, Levey, Roeh, & Gurevitch, 1996）研究了欧洲电视新闻交换网（Eurovision News Exchange）是如何选择新闻的。为了实现跨国的视频交换，这个机构已经建立了一套适应多国把关人的决策机制。这种跨国机构是怎样解决体制和社会系统问题，建立新的媒体常规的，值得学术界关注。最后，随着美国和另外一些国家在世界各国的市场扩张，原本受到市场全面庇护的各国本土媒体系统必须应对新的压力，例如，受众和经济精英对本土新闻常规的压力。不过实际上，由于外来的影响通常经过了本土社会价值观和体制透镜的折射，全球化并没有像某些批评者所宣称的那样具有冲击力（Kitschelt, Lange, Marks, & Stephens, 1999）。在某社会系统中最好的或最有效的，在另一社会系统中则未必。事实上，一种对某国特别有效的做法在另一国可能被无视。基舍尔和他的同事（Kitschelt et al., 1999）由此得出结论：那些制度低度嵌入社会、社会系统和国家核心价值低度关联、权力对社会低度干涉的国家，最有可能受到全球化影响而发生变化。社会系统越灵活，全球化程度就越高；而制度对社会嵌入越深，越有可能发生路径依赖。

第四，把关研究应更多地把新闻内容作为对象。这看起来是理所当然的，但至今仍有大量研究只描述把关过程，而一讨论媒体内容就都流于印象。这些描述性研究对把关研究确有宝贵的贡献。例如，海德（Heider，2000）对编辑部的种族研究为新闻制作过程提供了有价值的见解，但该研究的依据是编辑部人员对媒体内容的描述。我们需要更多费里和他的同事（Ferree et al.，2002）那样的研究，指出特定内容如何受到把关的影响。只要有可能，把关研究就应该做内容分析，就像休梅克及其同事（Shoemaker et al.，2001）所做的研究，该研究具体分析了有关国会立法的报道。这一分析极大地提高了把关理论的严谨性。

第五，应有更多跨层级的研究，以便测度各种因素的相对影响力，例如休梅克及其同事对个体新闻工作者和媒体常规层面的研究。跨层级的研究还可以针对各层级之间互动的效果，这一点我们在前一章中已经有所陈述。这实际上就是本森和内维尤（Benson & Neveu，2005）曾经倡导过的场域研究，费里及其同事（Ferree et al.，2002）已经做了这样的研究。但是还有很多层级间的相互作用值得关注。

第六，把关研究的社会学转向使得"关先生"在新闻选择上成为次要人物。机构中的个体行动者看似没有什么可以研究的了。不过，我们还是要问，个体把关人有多大的自主权，有没有权力将自己的议题加入到内容中？什么条件会导致个人判断凌驾于结构性约束之上？人类有创造能力，能够对外部世界做出反思，我们不能对个体把关人的行为完全弃而不顾。安东尼·吉登斯（Anthony Giddens）在他的结构化理论（Giddens，1979）中承认，人类行为被强大的结构力量制约，但他也承认，这些结构力量并非神圣不可犯，人类也并非任其摆布。变革不可避免。结构化理论为"关先生"提供了重回舞台的可能性,也给把关研究带来了进一步思考的空间。

第七,已经有一些新的统计程序,可以用于对把关"场域"的研究,如分层线性模型分析,可以用于评估多个层级的定量数据。这种方法的主要优点是,搜集自较低层级的数据被用于分析该层级,这比用最高层级数据的平均值或其他综合数据分析精度高出许多。

第八,本书在每一分析层级中都注意到了关卡周边的作用力。不过,关卡本身及其周边作用力还有很多值得研究的问题。例如,关卡前后新闻的数量是否影响作用力的方向和强度?作用力会改变方向吗?关卡上的新闻是总向一个固定方向流动,还是说有些新闻能回流?如果回流,那么是什么原因?关卡有没有级别的"高低"?

第九,对讯息的特性也应该做更多的研究。尼斯比特和罗斯(Nisbett & Ross, 1980)认为,生动的讯息比沉闷的讯息更有可能通过关卡,但是还没有把关研究支持这个想法。把关研究的内容分析不能总是停留在信息分类上(如人情味、经济、国际问题),应该开发一系列可用于度量信息的连续变量,这可以大大增强我们预测讯息能否通过关卡,以及何以通过关卡的能力。

第十,比较互联网与网络媒体、电视联播网与地方台、报纸、广播电台、广告公司、公关公司、杂志社等各类传播机构的把关行为。其中一些已经有学者研究过,例如,阿博特和布拉斯菲尔德(Abbott & Brassfield, 1989)比较了地方电视台和报纸的把关决策,但是还有很多问题需要关注。这些机构的传播常规有何不同?机构的不同目标如何影响信息的输入和输出,包括取舍和制作?

最后

把关理论还有一件事要做。当 20 世纪美国大学开始教授新闻学时,大多数研究可以被描述为*应用*研究,即对新闻记者有用的研究。

许多人认为，新闻学在 20 世纪中叶取得的成就之一就是超越应用研究，进入了理论研究（Rogers，1994）。把关就是这类研究的先导（Reese & Ballinger，2001）。

具有讽刺意味的是，在那个时期，那些从事公共关系和政治传播的人将把关研究作为一种应用科学。对那些试图影响新闻选择和建构的人来说，我们对把关了解得越多，他们的路线图就越清晰。更为讽刺的是，新闻和其他媒体专业人士基本上对把关研究不理不睬，听凭媒体之外的各种势力操纵。我们希望媒体专业人士关注把关研究。如果受众对大众媒体上的新闻不满意（Geary，2005；Littlewood，1998），记者就应该认真探讨新闻为什么采用了这种表现方式。没有最好，只有更好。让新闻更好并不是靠许愿实现的，它需要我们付出努力去理解构建新闻的各种力量。把关理论在 21 世纪还能不能发挥作用，在很大程度上取决于学者的创造力，以及他们是否有意愿学习分析动态系统的程序。

参考文献

Abbott, E. A., & Brassfield, L. T. (1989). Comparing decisions on releases by TV and newspaper gatekeepers. *Journalism Quarterly, 66*(4), 853–856.

Adams, J. S. (1980). Interorganizational processes and organizational boundary spanning activities. In B. M. Staw & L. L. Cummings (Eds.), *Research in organizational behavior* (Vol. 2, pp. 321–355). Greenwich, CT: JAI.

Adams, R. C., & Fish, M. J. (1987). TV news directors' perceptions of station management style. *Journalism Quarterly, 64*(1), 154–162, 276.

Adams, W. C. (1982). *Television coverage of international affairs*. Norwood, NJ: Ablex Pub. Co.

Aday, S., Livingston, S., & Hebert, M. (2005). Embedding the truth: A cross-cultural analysis of objectivity and television coverage of the Iraq war. *Harvard International Journal of Press/Politics, 10*(1), 3–21.

Akhavan-Majid, R., & Boudreau, T. (1995). Chain ownership, organizational size, and editorial role perception. *Journalism & Mass Communication Quarterly, 72*(4), 863–873.

Alexander, A. (2004). *Media economics: Theory and practice* (3rd ed.). Mahwah, NJ: Lawrence Erlbaum.

Alexander, J. C. (1981). The mass news media in systemic, historical, and comparative perspective. In E. Katz & T. Szecsko (Eds.), *Mass media and social change* (pp. 17–51). Beverly Hills, CA: Sage.

Allen, C. (2005). Discovering 'Joe Six Pack' content in television news: The hidden history of audience research, news consultants, and the Warner class model. *Journal of Broadcasting & Electronic Media, 49*(4), 363–382.

Allen, C. (2007). News directors and consultants: RTNDA's endorsement of TV journalism's 'greatest tool'. *Journal of Broadcasting & Electronic Media, 51*(3), 424–437.

Althaus, S. L. (2003). When news norms collide, follow the lead: New evidence for press independence. *Political Communication, 20*(4), 381–414.

Althaus, S. L., & Tewksbury, D. (2002). Agenda setting and the 'new' news. *Communication Research, 29*(2), 180–207.

Altschull, H. J. (1984). *Agents of power*. New York: Longman.

An, S., & Bergen, L. A. (2007). Advertiser pressure on daily newspapers. *Journal of Advertising, 36*(2), 111–121.

An, S., & Jin, H. S. (2004). Interlocking of newspaper companies with financial institutions and leading advertisers. *Journalism & Mass Communication Quarterly, 81*(3), 578–600.

Andersen, R., & Strate, L. (2000). *Critical studies in media commercialism*. New York: Oxford University Press.

Anderson, D. A. (1987). How managing editors view and deal with newspaper ethical issues. *Journalism Quarterly, 64*(2/3), 341–345.

Anderson, D. A., & Leigh, F. A. (1992). How newspaper editors and broadcast news directors view media ethics. *Newspaper Research Journal, 13*(1/2), 112–122.

Ankney, R. N., & Curtin, P. A. (2002). Delineating (and delimiting) the boundary spanning role of the medical public information officer. *Public Relations Review, 28*(3), 229–241.

Arant, M. D., & Anderson, J. Q. (2001). Newspaper online editors support traditional standards. *Newspaper Research Journal, 22*(4), 57–69.

Arant, M. D., & Meyer, P. (1998). Public journalism and traditional journalism: A shift in values? *Journal of Mass Media Ethics, 13*(4), 205–218.

Armstrong, C. L., & Nelson, M. R. (2005). How newspaper sources trigger gender stereotypes. *Journalism & Mass Communication Quarterly, 82*(4), 820–837.

Attaway-Fink, B. (2004). Market-driven journalism: Creating special sections to meet reader interests. *Journal of Communication Management, 9*(2), 145–154.

Atton, C., & Wickenden, E. (2005). Sourcing routines and representation in alternative journalism: A case study approach. *Journalism Studies, 6*(3), 347–359.

Aufderheide, P. (1999). *Communications policy and the public interest: The telecommunications act of 1996*. New York: Guilford Press.

Badaracco, C. (2005). *Quoting God: How media shape ideas about religion and culture*. Waco, TX: Baylor University Press.

Badii, N., & Ward, W. J. (1980). The nature of news in four dimensions. *Journalism Quarterly, 57*(2), 243–248.

Bagdikian, B. H. (1983). *The media monopoly*. Boston: Beacon Press.

Bagdikian, B. H. (2004). *The new media monopoly*. Boston: Beacon Press.

Baker, C. E. (2002). *Media, markets, and democracy*. New York: Cambridge University Press.

Baker, C. E. (2007). *Media concentration and democracy: Why ownership matters*. New York: Cambridge University Press.

Baldasty, G. J. (1992). *The commercialization of news in the nineteenth century*. Madison: University of Wisconsin Press.

Bales, R. F., Strodtbeck, F. L., Mills, T. M., & Roseborough, M. E. (1951). Channels of communication in small groups. *American Sociological Review, 16*, 461–467.

Bantz, C. R. (1990a). Organizational communication, media industries, and mass communication. In J. Anderson (Ed.), *Communication Yearbook* (Vol. 13, pp. 502–510). Newbury Park, CA: Sage.

Bantz, C. R. (1990b). Organizing and enactment: Karl Weick and the production of news. In C. Corman, S. Banks, C. R. Bantz & M. Mayer (Eds.), *Foundations of organizational communication: A reader* (pp. 133–141). New York: Longman.

Bantz, C. R., McCorkle, S., & Baade, R. C. (1981). The news factory. In G. C. Wilhoit & H. deBock (Eds.), *Mass communication review yearbook* (Vol. 2, pp. 366–389). Beverly Hills, CA: Sage.

Barendt, E. M. (1997). *Libel and the media: The chilling effect*. New York: Oxford University Press.

Barthes, R. (1972). *Mythologies*. New York: Hill and Wang.

Bass, A. Z. (1969). Refining the 'gatekeeper' concept: A UN radio case study. *Journalism Quarterly, 46*, 69–72.

Baumgartner, H., Sujan, M., & Bettman, J. R. (1992). Autobiographical memories, affect, and consumer information processing. *Journal of Consumer Psychology, 1*(1), 53–82.

Bavelas, A. (1948). A mathematical model for group structures. *Applied Anthropology, 7*, 16–30.

Baysha, O., & Hallahan, K. (2004). Media framing of the Ukrainian political crisis, 2000–2001. *Journalism Studies, 5*(2), 233–246.

Beam, R. A. (1998). What it means to be a market-oriented newspaper. *Newspaper Research Journal, 19*(3), 2–20.

Beam, R. A. (2002). Size of corporate parent drives market orientation. *Newspaper Research Journal, 23*(2/3), 46–63.

Beam, R. A. (2003). Content differences between daily newspapers with strong and weak market orientations. *Journalism & Mass Communication Quarterly, 80*(2), 368–390.

Becker, S. (1984). Marxist approaches to media studies: The British experience. *Critical Studies in Mass Communication, 1*(1), 66–80.

Benjamin, L. M. (2001). *Freedom of the air and the public interest: First Amendment rights in broadcasting to 1935*. Carbondale: Southern Illinois University Press.

Bennett, W. L. (1988). *News: The politics of illusion* (2nd ed.). New York: Longman.

Bennett, W. L. (1994). The media and the foreign policy process. In D. Deese (Ed.), *The new politics of American foreign policy*. New York: St. Martin's Press.

Bennett, W. L. (1996). *News: The politics of illusion* (3rd ed.). White Plains, NY: Longman.

Bennett, W. L. (2005). Beyond pseudoevents: Election news as reality TV. *American Behavioral Scientist, 49*(3), 364–378.

Benson, R., & Neveu, E. (2005). *Bourdieu and the journalistic field*. Malden, MA: Polity.

Bergen, L. A., & Weaver, D. (1988). Job satisfaction of daily newspaper journalists and organizational size. *Newspaper Research Journal, 9*(2), 1–13.

Berkowitz, D. (1987). TV news sources and news channels: A study in agenda-building. *Journalism Quarterly, 64*(2), 508–513.

Berkowitz, D. (1990a). Information subsidy and agenda-building in local television news. *Journalism Quarterly, 67*(4), 723–731.

Berkowitz, D. (1990b). Refining the gatekeeping metaphor for local television news. *Journal of Broadcasting & Electronic Media, 34*(1), 55–68.

Berkowitz, D. (1992). Routine newswork and the what-a-story: A case study of organizational adaptation. *Journal of Broadcasting & Electronic Media, 36*(1), 45–60.

Berkowitz, D. (1993). Work roles and news selection in local TV: Examining the business-journalism dialectic. *Journal of Broadcasting & Electronic Media, 37*(1), 67–83.

Berkowitz, D., Allen, C., & Beeson, D. (1996). Exploring newsroom views about consultants in local TV: The effects of work roles and socialization. *Journal of Broadcasting & Electronic Media, 40*(4), 447–459.

Bernabe-Riefkohl, A. (2000). Government advertising placement and the First Amendment: Freedom of the press should outweigh the rights of the government as contractor. *Communications & the Law, 22*(1), 1–22.

Bicket, D., & Wall, M. (2007). Circling the wagons: Containing the Downing Street memo story's impact in America. *Journal of Communication Inquiry, 31*(3), 206–221.

Bissell, K. L. (2000). A return to 'Mr. Gates': Photography and objectivity. *Newspaper Research Journal, 21*(3), 81–93.

Blankenburg, W. B. (1995). Hard times and the news hole. *Journalism & Mass Communication Quarterly, 72*(3), 634–641.

Boczkowski, P. J. (2004). The processes of adopting multimedia and interactivity in three online newsrooms. *Journal of Communication, 54*(2), 197–213.

Boddewyn, J. J. (1991). Controlling sex and decency in advertising around the world. *Journal of Advertising, 20*(4), 25–35.

Boehlert, E. (2006). *Lapdogs: How the press rolled over for Bush*. New York: Free Press.

Boorstin, D. J. (1971). From news-gathering to news-making: A flood of pseudo-events. In W. Schramm & D. F. Roberts (Eds.), *The process and effects of mass communication* (pp. 116–150). Urbana: University of Illinois Press.

Boorstin, D. J. (1987). *The image: A guide to pseudo-events in America* (25th anniversary ed.). New York: Atheneum.

Bourdieu, P. (1977). *Outline of a theory of practice*. New York: Cambridge University Press.

Bourdieu, P. (1998). *Practical reason: On the theory of action*. Stanford, CA: Stanford University Press.

Bourdieu, P., & Johnson, R. (1993). *The field of cultural production: Essays on art and literature*. New York: Columbia University Press.

Boyd-Barrett, O. (1995). Early theories in media research. In O. Boyd-Barrett & C. Newbold (Eds.), *Approaches to media: A reader* (pp. 68–76). New York: St. Martin's Press.

Boyle, T. P. (2001). Intermedia agenda setting in the 1996 presidential election. *Journalism & Mass Communication Quarterly, 78*(1), 26–44.

Breed, W. (1955). Social control in the newsroom: A functional analysis. *Social Forces, 33*(4), 326–335.

Bridges, J. A., Litman, B. R., & Bridges, L. W. (2002). Rosse's model revisited: Moving to concentric circles to explain newspaper competition. *Journal of Media Economics, 15*(1), 3–19.

Brooks, B. S., Kennedy, G., Moen, D. R., & Ranly, D. (1996). *News reporting and writing* (5th ed.). New York: St. Martin's Press.

Brown, R. M. (1979). The gatekeeper reassessed: A return to Lewin. *Journalism Quarterly, 56*(3), 595–601, 679.

Bruns, A. (2005). *Gatewatching: Collaborative online news production.* New York: Peter Lang.

Bruns, A. (2007). Produsage: Towards a broader framework for user-led content creation. In *Proceedings of Creativity and Cognition 6,* (99–105). Washington, D.C. Retrieved February 26, 2008 from http://eprints.qut.edu.au

Bryski, B. G. (1998). Accuracy in media. In M. A. Blanchard (Ed.), *History of the Mass Media in the United States: An Encyclopedia* (pp. 3–4). Chicago: Fitzroy Dearborn.

Buckalew, J. K. (1969a). News elements and selection by television news editors. *Journal of Broadcasting, 14,* 47–53.

Buckalew, J. K. (1969b). A Q-analysis of television news editors' decisions. *Journalism Quarterly, 46*(1), 135–137.

Burch, E. A., & Harry, J. C. (2004). Counter-hegemony and environmental justice in California newspapers: Source use patterns in stories about pesticides and farm workers. *Journalism & Mass Communication Quarterly, 81*(3), 559–577.

Cameron, G. T., & Blount, D. (1996). VNRs and air checks: A content analysis of the use of video news releases in television newscasts. *Journalism & Mass Communication Quarterly, 73*(4), 890–904.

Cameron, G. T., & Haley, E. (1992). Feature advertising: Policies and attitudes in print media. *Journal of Advertising, 21*(3), 47–55.

Campbell, C. P. (1995). *Race, myth and the news.* Thousand Oaks, CA: Sage Publications.

Campbell, R. (1991). *60 minutes and the news: A mythology for Middle America.* Urbana: University of Illinois Press.

Cantor, M. G. (1980). *Prime-time television: Content and control.* Beverly Hills, CA: Sage.

Cantor, M. G., & Pingree, S. (1983). *The soap opera.* Beverly Hills, CA: Sage.

Cappon, R. J. (2000). *The Associated Press guide to news writing* (3rd ed.). Forest City, CA: IDG Books Worldwide.

Carey, J. W. (1988). *Media, myths, and narratives: Television and the press.* Newbury Park, CA: Sage Publications.

Carlston, D. E., & Skowronski, J. J. (2005). Linking versus thinking: Evidence for the different associative and attributional bases of spontaneous trait transference and spontaneous trait inference. *Journal of Personality and Social Psychology, 89*(6), 884–898.

Carlston, D. E., & Smith, E. R. (1996). Principles of mental representation. In E. T. Higgins & A. W. Kruglanski (Eds.), *Social psychology: Handbook of basic principles* (pp. 184–210). New York: Guilford Press.

Carr, D. (1986). *Time, narrative, and history*. Bloomington: Indiana University Press.

Carter, T. B. (1998). Electronic gatekeepers: Locking out the marketplace of ideas. *Communication Law & Policy, 3*(3), 389–408.

Carter, T. B., Franklin, M. A., & Wright, J. B. (2003). *The First Amendment and the fifth estate: Regulation of electronic mass media* (6th ed.). New York: Foundation Press.

Carter, T. B., Franklin, M. A., & Wright, J. B. (2005). *The First Amendment and the fourth estate: The law of mass media* (9th ed.). New York: Foundation Press.

Cassidy, W. P. (2006). Gatekeeping similar for online, print journalists. *Newspaper Research Journal, 27*(2), 6–23.

Cervone, D., & Mischel, W. (2002). *Advances in personality science*. New York: Guilford Press.

Chaffee, S. H. (1975). The diffusion of political information. In S. H. Chaffee (Ed.), *Political communication: Issues and strategies for research* (pp. 85–128). Beverly Hills, CA: Sage.

Chang, T.-K., Wang, J., & Chen, C.-H. (1998). The social construction of international imagery in the post-Cold War era: A comparative analysis of U.S. and Chinese national TV news. *Journal of Broadcasting and Electronic Media, 42*(3), 277–297.

Chang, T. K., & Lee, J. W. (1992). Factors affecting gatekeepers' selection of foreign news: A nationwide survey of newspaper editors. *Journalism Quarterly, 69*, 554–561.

Chibnall, S. (1975). The crime reporter: A study in the production of commercial knowledge. *Sociology, 9*(1), 49–66.

Chibnall, S. (1977). *Law-and-order news: An analysis of crime reporting in the British press*. London: Tavistock.

Chibnall, S. (1981). The production of knowledge by crime reporters. In S. C. J. Young (Ed.), *The manufacture of news: Deviance, social problems and the mass media* (pp. 75–97). Beverly Hills, CA: Sage.

Chomsky, D. (2006). 'An interested reader': Measuring ownership control at the New York Times. *Critical Studies in Media Communication, 23*(1), 1–18.

Chomsky, N. (2006). *Failed states: The abuse of power and the assault on democracy*. New York: Metropolitan Books/Henry Holt.

Christ, P. (2005). Internet technologies and trends transforming public relations. *Journal of Website Promotion, 1*(4), 1–14.

Christensen, G. L., & Olson, J. C. (2002). Mapping consumers' mental models with ZMET. *Psychology and Marketing, 19*(6), 477–502.

Clayman, S. E., & Reisner, A. E. (1998). Gatekeeping in action: Editorial conferences and assessments of newsworthiness. *American Sociological Review, 63*(2), 178–200.

Cohen, A. (1974). *Two-dimensional man: An essay on the anthropology of power and symbolism in complex society*. Berkeley: University of California Press.

Cohen, A., Levey, M., Roeh, I., & Gurevitch, M. (1996). *Global newsrooms, local audiences: A study of the Eurovision News Exchange*. London: John Libbey.

Cohen, B. C. (1963). *The press and foreign policy*. Westport, CT: Greenwood.

Cohen, E. D. (2005). *News incorporated: Corporate media ownership and its threat to democracy*. Amherst, NY: Prometheus Books.

Cohen, J., & Solomon, N. (1995). *Through the media looking glass: Decoding bias and blather in the news*. Monroe, ME: Common Courage Press.

Comrie, M. (1999). *The commercial imperative: Key changes in TVNZ's news during deregulation*. Auckland, New Zealand: University of Auckland.

Condit, C. M. (1994). Hegemony in a mass-mediated society: Concordance about reproductive technologies. *Critical Studies in Mass Communication, 11*(3), 205–231.

Cook, T. E. (1998). *Governing with the news: The news media as a political institution*. Chicago: University of Chicago Press.

Corner, J., Schlesinger, P., & Silverstone, R. (1998). *International media research: A critical survey*. New York: Routledge.

Craft, S., & Wanta, W. (2004). Women in the newsroom: Influences of female editors and reporters on the news agenda. *Journalism & Mass Communication Quarterly, 81*(1), 124–139.

Craig, D. A. (2007). The case: In-text ads: Pushing the lines between advertising and journalism. *Journal of Mass Media Ethics, 22*(4), 348–349.

Cranberg, G., Bezanson, R. P., & Soloski, J. (2001). *Taking stock: Journalism and the publicly traded newspaper company*. Ames, IA: Iowa State University Press.

Creeber, G. (2004). 'Hideously white'. *Television & New Media, 5*(1), 27–39.

Croteau, D., & Hoynes, W. (2006). *The business of media: Corporate media and the public interest* (2nd ed.). Thousand Oaks, CA: Pine Forge Press.

Crouse, T. (1972). *The boys on the bus: Riding with the campaign press corps*. New York: Random House.

Culbertson, H. (1983). Three perspectives on American journalism. *Journalism Monographs (83)*, 1–33.

Cunningham, A., & Haley, E. (2000). A look inside the world of advertising-free publishing: A case study of *Ms.* magazine. *Journal of Current Issues and Research in Advertising, 22*(2), 17–30.

Curtin, P. A. (1999). Reevaluating public relations information subsidies: Market-driven journalism and agenda-building theory and practice. *Journal of Public Relations Research, 11*(1), 53–90.

Cutlip, S. M. (1954). Content and flow of AP news: From trunk to TTS to reader. *Journalism Quarterly, 31*, 434–446.

Danielian, L. H., & Reese, S. D. (1989). A closer look at intermedia influences on agenda setting: The cocaine issue of 1986. In P. J. Shoemaker (Ed.), *Communication campaigns about drugs: Government, media, and the public* (pp. 47–66). Hillsdale, NJ: Lawrence Erlbaum.

de Almeida, A. T., & Bohoris, G. A. (1995). Decision theory in maintenance decision making. *Journal of Maintenance Engineering, 1*(1), 39–45.

Deacon, D., & Golding, P. (1994). *Taxation and representation: The media, political communication and the poll tax.* London: J. Libby.

Demers, D. P. (1994). Effect of organizational size on job satisfaction of top editors at U.S. dailies. *Journalism Quarterly, 71*(4), 914–925.

Demers, D. P. (1995). Autonomy, satisfaction high among corporate news staffs. *Newspaper Research Journal, 16*(2), 91–111.

Demers, D. P. (1996). *The menace of the corporate newspaper: Fact or fiction?* Ames: Iowa State University Press.

Dixon, T. L., & Linz, D. (2002). Television news, prejudicial pretrial publicity, and the depiction of race. *Journal of Broadcasting & Electronic Media, 46*(1), 112–136.

Donohue, G. A., Olien, C. N., & Tichenor, P. J. (1985). Reporting conflict by pluralism, newspaper type and ownership. *Journalism Quarterly, 62*(3), 489–507.

Donohue, G. A., Olien, C. N., & Tichenor, P. J. (1989). Structure and constraints on community newspaper gatekeepers. *Journalism Quarterly, 66*(4), 807–845.

Donohue, G. A., Tichenor, P. J., & Olien, C. N. (1972). Gatekeeping: Mass media systems and information control. In F. G. Kline & P. J. Tichenor (Eds.), *Current perspectives in mass communication research* (pp. 41–70). Beverly Hills, CA: Sage.

Donohew, L. (1967). Newspaper gatekeepers and forces in the news channel. *Public Opinion Quarterly, 31*(1), 61–68.

Doyle, G. (2006). Financial news journalism: A post-Enron analysis of approaches towards economic and financial news production in the UK. *Journalism, 7*(4), 433–452.

Dozier, D. M., & Rice, R. E. (1984). Rival theories of electronic news reading. In R. E. Rice (Ed.), *The new media: Communication, research, and technology* (pp. 103–127). Beverly Hills, CA: Sage Publications.

Dunwoody, S. (1978). Science writers at work. In *Research Report No. 7*. Bloomington: Center for New Communications, Indiana University.

Duran, J. (2001). *Worlds of knowing: Global feminist epistemologies.* New York: Routledge.

Dyer, C., & Nayman, O. (1977). Under the capitol dome: Relationships between legislators and reporters. *Journalism Quarterly, 54*(3), 443–453.

Eberhard, W. B. (1982). 'News value' treatments are far from consistent among newswriting texts. *Journalism Educator, 37*(1), 9–11, 50.

Edge, M. (2003). The good, the bad, and the ugly: Financial markets and the demise of Canada's Southam Newspapers. *JMM: The International Journal of Media Management, 5*(4), 227–236.

Ehrlich, M. C. (1995). The ethical dilemma of television news sweeps. *Journal of Mass Media Ethics, 10*(1), 37–47.

Eisinger, R. M., Veenstra, L. R., & Koehn, J. P. (2007). What media bias? Conservative and liberal labeling in major U.S. newspapers. *Harvard International Journal of Press/Politics, 12*(1), 17–36.

Emery, W. B. (1969). *National and international systems of broadcasting: Their history, operation, and control.* East Lansing: Michigan State University Press.

Entman, R. M. (2003). *Projections of power: Framing news, public opinion, and U.S. foreign policy.* Chicago: University of Chicago Press.

Entman, R. M. (2007). Framing bias: Media in the distribution of power. *Journal of Communication, 57*(1), 163–173.

Entman, R. M., & Rojecki, A. (2000). *The black image in the white mind: Media and race in America.* Chicago: University of Chicago Press.

Epstein, E. J. (1973). *News from nowhere: Television and the news.* New York: Random House.

Ericson, R. V., Baranek, P. M., & Chan, J. B. L. (1987). *Visualizing deviance: A study of news organization.* Toronto; Buffalo: University of Toronto Press.

Ericson, R. V., Baranek, P. M., & Chan, J. B. L. (1991). *Representing order: Crime, law, and justice in the news media.* Milton Keynes: Open University Press.

Esser, F. (1998). Editorial structures and work principles in British and German newsrooms. *European Journal of Communication, 13*(3), 375–405.

Ettema, J. S. (1988). *The craft of the investigative journalist.* Evanston, IL: Northwestern University.

Evensen, B. J. (1997). *The responsible reporter* (2nd ed.). Northport, AL: Vision Press.

Fahmy, S. (2005). U.S. photojournalists' and photoeditors' attitudes and perceptions: Visual coverage of 9/11 and the Afghan War. *Visual Communication Quarterly, 12*(3/4), 146–163.

Falk, E., Grizard, E., & McDonald, G. (2006). Legislative issue advertising in the 108th Congress: Pluralism or peril. *Harvard International Journal of Press/Politics, 11*(4), 148–164.

Fallows, J. M. (1996). *Breaking the news: How the media undermine American democracy* (1st ed.). New York: Pantheon Books.

Fargo, A. L. (2006). Analyzing federal shield law proposals: What Congress can learn from the states. *Communication Law & Policy, 11*(1), 35–82.

Ferguson, R. (1998). *Representing race: Ideology, identity, and the media.* New York: Arnold.

Ferree, M. M., Gamson, W. A., Gerhards, J., & Rucht, D. (2002). *Shaping abortion discourse: Democracy and the public sphere in Germany and the United States.* New York: Cambridge University Press.

Festinger, L. (1957). *A theory of cognitive dissonance.* Evanston, IL: Row.

Fico, F., & Freedman, E. (2001). Setting the news story agenda: Candidates and commentators in news coverage of a governor's race. *Journalism & Mass Communication Quarterly, 78*(3), 437–449.

Fink, C. C. (1989, March). How newspapers should handle upscale/downscale conundrum. *Presstime,* 40–41.

Fishbein, M., & Ajzen, I. (1981). Acceptance, yielding and impact: Cognitive processes in persuasion. In R. E. Petty, T. M. Ostrom & T. C. Brock (Eds.), *Cognitive responses in persuasion* (pp. 339–359). Hillsdale, NJ: Lawrence Erlbaum.

Flegel, R. C., & Chaffee, S. H. (1971). Influences of editors, readers, and personal opinions on reporters. *Journalism Quarterly, 48,* 645–651.

Foerstel, H. N. (1998). *Banned in the media: A reference guide to censorship in the press, motion pictures, broadcasting, and the Internet.* Westport, CT: Greenwood Press.

Frank, R. (2003). When bad things happen in good places: Pastoralism in big-city newspaper coverage of small-town violence. *Rural Sociology, 68*(2), 207–230.

Galtung, J., & Ruge, M. H. (1965). The structure of foreign news. *Journal of Peace Research, 2*(1), 64–90.

Gandy, O. H., Jr. (1982). *Beyond agenda setting: Information subsidies and public policy.* Norwood, NJ: Ablex.

Gans, H. J. (1979a). *Deciding what's news.* New York: Pantheon.

Gans, H. J. (1979b). The messages behind the news. *Columbia Journalism Review, 17*(1), 40–45.

Gaziano, C. (1989). Chain newspaper homogeneity and presidential endorsements, 1972-1988. *Journalism Quarterly, 66*(4), 836–845.

Gaziano, C., & Coulson, D. C. (1988). Effects of newsroom management styles on journalists: A case study. *Journalism Quarterly, 65*(4), 869–880.

Geary, D. L. (2005). The decline of media credibility and its impact on public relations. *Public Relations Quarterly, 50*(3), 8–12.

Geertz, C. (1973). *The interpretation of cultures: Selected essays.* New York: Basic Books.

Gentzkow, M., & Shapiro, J. M. (2006). What drives media slant? Evidence from U.S. daily newspapers [Electronic Version]. *Social Science Research Network* from www.nber.org/papers/w12707.pdf.

Giddens, A. (1979). *Central problems in social theory: Action, structure, and contradiction in social analysis.* Berkeley: University of California Press.

Gieber, W. (1956). Across the desk: A study of 16 telegraph editors. *Journalism Quarterly, 33*(4), 423–432.

Gieber, W. (1960). How the 'gatekeepers' view local civil liberties news. *Journalism Quarterly, 37*(1), 199–205.

Gieber, W. (1963). 'I' am the news. In W. A. Danielson (Ed.), *Paul J. Deutschmann memorial papers in mass communications research* (pp. 9–17). Cincinnati, OH: Scipps-Howard Research.

Gieber, W. (1964). News is what newspapermen make it. In L. A. Dexter & D. M. White (Eds.), *People, society and mass communication.* New York: Free Press.

Gieber, W., & Johnson, W. (1961). The city hall 'beat': A study of reporter and source roles. *Journalism Quarterly, 38*(2), 289–297.

Gilligan, C. (1993). *In a different voice: Psychological theory and women's development.* Cambridge, MA: Harvard University Press.

Gillmor, D. (2004). *We the media: Grassroots journalism by the people, for the people.* Sebastopol, CA: O'Reilly.

Gitlin, T. (1980). *The whole world is watching.* Berkeley: University of California Press.

Glasser, T. L., Allen, D. S., & Blanks, S. E. (1989). The influence of chain ownership on news play: A case study. *Journalism Quarterly, 66*(3), 607–614.

Goldenberg, E. N. (1975). *Making the papers: The access of resource-poor groups to the metropolitan press*. Lexington, MA: Lexington Books.

Golding, P. (1981). The missing dimensions: News media and the management of social change. In E. Katz & T. Szecsko (Eds.), *Mass media and social change* (pp. 63–81). Beverly Hills, CA: Sage.

Gossage, H. L., Rotzoll, K. B., Graham, J., & Mussey, J. B. (1986). *Is there any hope for advertising?* Urbana: University of Illinois Press.

Grabe, M. E., Zhou, S., & Barnett, B. (1999). Sourcing and reporting in news magazine programs: 60 Minutes versus Hard Copy. *Journalism & Mass Communication Quarterly, 76*(2), 293–311.

Graber, D. A. (2006). *Mass media and American politics* (7th ed.). Washington, D.C.: CQ Press.

Gramsci, A., Hoare, Q., & Nowell-Smith, G. (1971). *Selections from the prison notebooks of Antonio Gramsci*. London: Lawrence & Wishart.

Greenberg, B. S., & Tannenbaum, P. H. (1962). Communicator performance under cognitive stress. *Journalism Quarterly, 39*(2), 169–178.

Greenwald, A. G., & Leavitt, C. (1984). Audience involvement in advertising: Four levels. *Journal of Consumer Research, 11*(1), 581–592.

Grey, D. L. (1966). Decision-making by a reporter under deadline pressure. *Journalism Quarterly, 43*(1), 419–428.

Gunter, B. (2003). *News and the net*. Mahwah, NJ: Lawrence Erlbaum.

Haber, R. N. (1992). Perception: A one-hundred year perspective. In S. Koch & D. E. Leary (Eds.), *A century of psychology as science* (pp. 250–279). Washington, D.C.: American Psychological Association.

Hachten, W. A., & Hachten, H. (1999). *The world news prism: Changing media of international communication* (5th ed.). Ames: Iowa State University Press.

Haigh, M. M., Pfau, M., Danesi, J., Tallmon, R., Bunko, T., Nyberg, S., et al. (2006). A comparison of embedded and nonembedded print coverage of the U.S. invasion and occupation of Iraq. *Press/Politics, 11*(2), 139–153.

Hall, P. A., & Taylor, R. C. R. (1996). Political science and the three new institutionalisms. *Political Studies, 44*(5), 936–957.

Hall, S. (1989). Ideology. In E. Barnouw (Ed.), *International encyclopedia of communication* (Vol. 2, pp. 307–311). New York: Oxford Press.

Hallin, D. C. (1989). *The uncensored war: The media and Vietnam*. Berkeley: University of California Press.

Hallin, D. C., & Mancini, P. (2004). *Comparing media systems: Three models of media and politics*. New York: Cambridge University Press.

Hallock, S. (2006). Metroplex newspapers offer limited editorial competition. *Newspaper Research Journal, 27*(3), 37–51.

Halloran, J. D., Elliott, P., & Murdock, G. (1970). *Demonstrations and communication: A case study*. Baltimore: Penguin.

Hansen, K. A., Neuzil, M., & Ward, J. (1998). Newsroom topic teams: Journalists' assessments of effects on news routines and newspaper quality. *Journalism & Mass Communication Quarterly, 75*(4), 803–821.

Hansen, K. A., Ward, J., Conners, J. L., & Neuzil, M. (1994). Local breaking news: Sources, technology, and news routines. *Journalism & Mass Communication Quarterly, 71*(3), 561–572.

Harcup, T., & O'Neill, D. (2006). What is news? Galtung and Ruge revisited. *Journalism Studies, 2*(2), 261–280.

Hardin, M. (2005). Stopped at the gate: Women's sports, 'reader interest', and decision making by editors. *Journalism & Mass Communication Quarterly, 82*(1), 62–78.

Harding, S. G. (2004). Introduction: Standpoint theory as a site of political, philosophic, and scientific debate. In S. G. Harding (Ed.), *The feminist standpoint theory reader: Intellectual and political controversies* (pp. 1–16). New York: Routledge.

Hardt, H. (1979). *Social theories of the press: Early German and American perspectives*. Beverly Hills, CA: Sage Publications.

Hargittai, E. (2004). The changing online landscape: From free-for-all to commercial gatekeeping. In P. Day & D. Schuler (Eds.), *Community practice in the network society: Local actions/global interaction*. New York: Routledge.

Harmon, M. D. (1989). Mr. Gates goes electronic: The what and why questions in local TV news. *Journalism Quarterly, 66*(4), 857–863.

Harrison, E. F. (1996). A process perspective on strategic decision making. *Management Decision, 34*(1), 46–53.

Hart, R. P. (1994). *Seducing America: How television charms the modern voter*. New York: Oxford University Press.

Hays, R. G., & Reisner, A. E. (1990). Feeling the heat from advertisers: Farm magazine writers and ethical pressures. *Journalism Quarterly, 67*(4), 936–942.

Head, S. W. (1985). *World broadcasting systems: A comparative analysis*. Belmont, CA: Wadsworth Publishing Company.

Heeter, C., Brown, N., Soffin, S., Stanley, C., & Salwen, M. B. (1989). Agenda setting by electronic text news. *Journalism Quarterly, 66*(1), 101–106.

Heider, D. (2000). *White news: Why local news programs don't cover people of color*. Mahwah, NJ: Lawrence Erlbaum Associates.

Henningham, J. (1997). The journalist's personality: An exploratory study. *Journalism & Mass Communication Quarterly, 74*(3), 615–624.

Herman, E. S., & Chomsky, N. (1988). *Manufacturing consent: The political economy of the mass media* (1st ed.). New York: Pantheon Books.

Herman, E. S., & McChesney, R. W. (1997). *The global media: The new missionaries of corporate capitalism*. London; Washington, D.C.: Cassell.

Hess, S. (1981). *The Washington reporters: Newswork*. Washington, D.C.: Brookings Institution.

Hewes, D. E., & Graham, M. L. (1989). Second-guessing theory: Review and extension. In J. A. Anderson (Ed.), *Communication Yearbook* (Vol. 12, pp. 213–248). Newbury Park, CA: Sage.

Hickey, J. R. (1966). The effects of information control on perceptions of centrality. Unpublished Dissertation, University of Wisconsin, Madison.

Hickey, J. R. (1968). The effects of information control on perceptions of centrality. *Journalism Quarterly, 45,* 49–54.

Hindman, D. B., Littlefield, R., Preston, A., & Neumann, D. (1999). Structural pluralism, ethnic pluralism, and community newspapers. *Journalism & Mass Communication Quarterly, 76*(2), 250–263.

Hirsch, P. M. (1970). *The structure of the popular music industry.* Ann Arbor: University of Michigan, Institute for Social Research.

Hirsch, P. M. (1977). Occupational, organizational and institutional models in mass media research: Toward an integrated framework. In P. M. Hirsch, P. V. Miller & F. G. Kline (Eds.), *Strategies for communication research.* Beverly Hills, CA: Sage.

Hirsch, P. M. (1981). Institutional functions of elite and mass media. In E. Katz & T. Szecsko (Eds.), *Mass media and social change* (pp. 187–200). Beverly Hills, CA: Sage.

Holland, J. L. (1997). *Making vocational choices: A theory of vocational personalities and work environments* (3rd ed.). Odessa, FL: Psychological Assessment Resources.

Holtz, S. (2002). *Public relations on the net: Winning strategies to inform and influence the media, the investment community, the government, the public, and more!* (2nd ed.). New York: American Management Association.

Homans, G. C. (1950). *The human group.* New York: Harcourt, Brace & World.

Horwitz, R. B. (1989). *The irony of regulatory reform: The deregulation of American telecommunications.* New York: Oxford University Press.

Hoskins, C., McFadyen, S., & Finn, A. (2004). *Media economics: Applying economics to new and traditional media.* Thousand Oaks, CA: Sage Publications.

Hough, G. A. (1995). *News writing* (5th ed.). Boston: Houghton Mifflin.

Howard, C., & Mathews, W. (2006). *On deadline: Managing media relations* (4th ed.). Long Grove, IL: Waveland Press.

Huaco, G. A. (1986). Ideology and general theory: The case of sociological functionalism. *Comparative Studies in Society and History, 28*(1), 34–54.

Huckins, K. (1999). Interest-group influence on the media agenda: A case study. *Journalism & Mass Communication Quarterly, 76*(1), 76–86.

Humphreys, P. (1996). *Mass media and media policy in Western Europe.* New York: Manchester University Press.

I hope so too (January 16, 2009). *Nytimes.com.* http://www.nytimes.com/interactive/2009/01/15/us/politics/20090115_HOPE.html?scp=18&sq=i%20hope%20+%20obama&st=cse

Itule, B. D., & Anderson, D. A. (2007). *News writing and reporting for today's media* (7th ed.). Boston: McGraw-Hill.

Jablin, F. M. (1982). Organizational communication: An assimilation approach. In M. E. Roloff & C. R. Berger (Eds.), *Social cognition and communication* (pp. 255–286). Beverly Hills, CA: Sage.

Jacobs, R. N. (1996). Producing the news, producing the crisis: Narrativity, television and news work. *Media, Culture, and Society, 18*(3), 373–397.
Janis, I. L. (1983). *Group think: Psychological studies of policy decisions and fiascoes*. Boston: Houghton Mifflin.
Johnsen, S. S. (2004). News technology: Deconstructing and reconstructing news. *NORDICOM Review, 25*(1/2), 237–257.
Johnstone, J., Slawski, E., & Bowman, W. (1972). The professional values of American newsmen. *Public Opinion Quarterly, 36*(4), 522–540.
Johnstone, J., Slawski, E., & Bowman, W. (1976). *The news people: A sociological portrait of American journalists and their work*. Urbana: University of Illinois Press.
Jones, R. L., Troldahl, V. C., & Hvistendahl, J. K. (1961). News selection patterns from a state TTS wire. *Journalism Quarterly, 38*, 303–312.
Judd, R. P. (1961). The newspaper reporter in a suburban city. *Journalism Quarterly, 38*, 35–42.
Kahneman, D., Slovic, P., & Tversky, A. (Eds.). (1982). *Judgment under uncertainty: Heuristics and biases*. Cambridge: Cambridge Univeristy Press.
Kaniss, P. C. (1991). *Making local news*. Chicago: University of Chicago Press.
Keith, S. (2005). Newpaper copy editors' perceptions of their ideal and real ethics roles. *Journalism & Mass Communication Quarterly, 82*(4), 930–951.
Kellner, D. (2004). The media and the crisis of democracy in the age of Bush-2. *Communication & Critical/Cultural Studies, 1*(1), 29–58.
Kellogg, R. T. (2007). *Fundamentals of cognitive psychology*. Thousand Oaks, CA: Sage.
Kessler, L. (1989). Women's magazines' coverage of smoking related health hazards. *Journalism Quarterly, 66*(2), 316–322, 445.
Kim, H. S. (2002). Gatekeeping international news: An attitudinal profile of U.S. television journalists. *Journal of Broadcasting & Electronic Media, 46*(3), 431–453.
Kitschelt, H., Lange, P., Marks, G., & Stephens, J. D. (Eds.). (1999). *Continuity and change in contemporary capitalism*. New York: Cambridge University Press.
Kline, K. E. (1994). A study of press attention to foreign investments in the United States. *Mass Communication Review, 21*(1/2), 126–139.
Koch, S., & Leary, D. E. (1992). *A century of psychology as science*. Washington, D.C.: American Psychological Association.
Koch, T. (1991). *Journalism for the 21st century: Online information, electronic databases, and the news*. New York: Praeger.
Kramer, M. (2008). What is narrative? Founding director's corner. Retrieved February 12, 2008, from http://www.nieman.harvard.edu/narrative/what_is.html
Krasnow, E. G., Longley, L. D., & Terry, H. A. (1982). *The politics of broadcast regulation* (3rd ed.). New York: St. Martin's Press.
Kuhn, R. (2002). The first Blair government and political journalism. In R. Kuhn & E. Neveu (Eds.), *Political journalism: New challenges, new practices* (pp. 47–68). New York: Routledge.
Kuhn, R., & Neveu, E. (2002). *Political journalism: New challenges, new practices*. New York: Routledge.

Kurpius, D. D. (2000). Public journalism and commercial local television news: In search of a model. *Journalism & Mass Communication Quarterly, 77*(2), 341–354.

Kuttner, R. (1997). *Everything for sale: The virtues and limits of markets*. New York: Alfred A. Knopf.

Lacher, K. T., & Rotfeld, H. J. (1994). Newspaper policies on the potential merging of advertising and news content. *Journal of Public Policy & Marketing, 13*(2), 281–289.

Lacy, S., Coulson, D. C., & Cho, H. (2002). Competition for readers among U.S. metropolitan daily, nonmetropolitan daily, and weekly newspapers. *Journal of Media Economics, 15*(1), 21–40.

Laitin, D. D. (1986). *Hegemony and culture: Politics and religious change among the Yoruba*. Chicago: University of Chicago Press.

Larson, S. G., & Bailey, M. (1998). ABC's 'Person of the Week': American values in television news. *Journalism & Mass Communication Quarterly, 75*(3), 487–499.

Lazare, D. (1989 May/June). Vanity fare. *Columbia Journalism Review, 28*(1), 6–7.

Lee, J.-H. (2008). Effects of news deviance and personal involvement on audience story selection: A web-tracking analysis. *Journalism & Mass Communication Quarterly, 85*(1), 41–60.

Lee, J., & Berkowitz, D. (2004). Third gatekeeping in Korea: The screening of first-edition newspapers by public relations practitioners. *Public Relations Review, 30*(3), 313–325.

Lerman, K. (2006). *Social networks and social information filtering on Digg*. Marina del Ray, CA: University of Southern California, Information Sciences Institute.

Lerman, K. (2007). *Social information processing in social news aggregation*. Marina del Ray, CA: University of Southern California, Information Sciences Institute.

Levine, M. (2008). *Guerrilla P.R. 2.0: How you can wage an effective publicity campaign without going broke*. New York: Collins.

Levinson, P. (2001). *Digital McLuhan: A guide to the information millennium*. New York: Routledge.

Lewin, K. (1933). Environmental forces in child behavior and development. In C. Murchison (Ed.), *Handbook of child psychology*. Worcester, MA: Clark University Press.

Lewin, K. (1947a). Frontiers in group dynamics II. Channels of group life: Social planning and action research. *Human Relations, 1*, 143–153.

Lewin, K. (1947b). Frontiers in group dynamics: Concept, method and reality in science; social equilibria and social change. *Human Relations, 1*, 5–40.

Lewin, K. (1951). *Field theory in social science: Selected theoretical papers*. New York: Harper.

Lewin, K., & Gold, M. (1999). *The complete social scientist: A Kurt Lewin reader* (1st ed.). Washington, D.C.: American Psychological Association.

Lewis, J. (1999). Reproducing political hegemony in the United States. *Critical Studies in Mass Communication, 16*(3), 251–268.

Liebler, C. M. (1993). News sources and the Civil Rights Act of 1990. *Howard Journal of Communications, 4*(3), 183–194.

Liebler, C. M., & Smith, S. J. (1997). Tracking gender differences: A comparative analysis of network correspondents and their sources. *Journal of Broadcasting & Electronic Media, 41*(1), 58–68.

Lippmann, W. (1922). *Public opinion*. New York: Harcourt Brace and Company.

Litman, B. R. (1980). Market share instability in local television news. *Journal of Broadcasting, 24*(3), 499–514.

Littlewood, T. B. (1998). *Calling elections: The history of horse-race journalism*. South Bend, IN: University of Notre Dame Press.

Livingston, S., & Bennett, W. L. (2003). Gatekeeping, indexing, and live-event news: Is technology altering the construction of news? *Political Communication, 20*(4), 363–380.

Lowrey, W. (2006). Mapping the journalism–blogging relationship. *Journalism, 7*(4), 477–500.

Lull, J. (1995). *Media, communication, culture: A global approach*. New York: Columbia University Press.

Luttbeg, N. R. (1983a). News consensus: Do U.S. newspapers mirror society's happenings? *Journalism Quarterly, 60*(3), 484–488, 578.

Luttbeg, N. R. (1983b). Proximity does not assure newsworthiness. *Journalism Quarterly, 60*, 731–732.

MacDougall, A. K. (1988). Boring from within the bourgeois press. Part one. *Monthly Review, 40*(7), 13–24.

Machill, M., Beiler, M., & Schmutz, J. (2006). The influence of video news releases on the topics reported in science journalism. *Journalism Studies, 7*(6), 869–888.

Mahner, M., & Bunge, M. (2001). Function and functionalism: A synthetic perspective. *Philosophy of Science, 68*(1), 75–94.

Malek, A. (1997). *News media and foreign relations: A multifaceted perspective*. Norwood, NJ: Ablex.

Marcellus, J. (2005). Gender and newsroom cultures: Identities at work. *Feminist media studies, 5*(3), 398–400.

Marrow, A. J. (1969). *The practical theorist: The life and work of Kurt Lewin*. New York: Basic Books.

Martin, C. R. (2004). *Framed!: Labor and the corporate media*. Ithaca, NY: ILR Press.

Martin, L. L., & Davies, B. (1998). Beyond hedonism and associationism: A configural view of the role of affect in evaluation, processing, and self-regulation. *Motivation and Emotion, 22*(1), 33–51.

Massey, B. L. (1998). Civic journalism and nonelite sourcing: Making routine newswork of community connectedness. *Journalism & Mass Communication Quarterly, 75*(2), 394–407.

McCabe, J., & Akass, K. (2007). *Quality TV: Contemporary American television and beyond*. New York: I. B. Tauris.

McCann, R. M., & Honeycutt, J. M. (2006). A cross-cultural analysis of imagined interactions. *Human Communication Research, 32*(3), 274–301.

McCargo, D. (2003). *Media and politics in Pacific Asia*. New York: RoutledgeCurzon.

McChesney, R. W. (1993). *Telecommunications, mass media, and democracy: The battle for the control of U.S. broadcasting, 1928–1935*. New York: Oxford University Press.

McChesney, R. W. (1997). *Corporate media and the threat to democracy*. New York: Seven Stories Press.

McChesney, R. W. (2004). *The problem of the media: U.S. communication politics in the twenty-first century*. New York: Monthly Review Press.

McCombs, M. E. (1994). News influence on our pictures of the world. In J. Bryant & D. Zillmann (Eds.), *Media effects: Advances in theory and research* (pp. 1–16). Hillsdale, NJ: Lawrence Erlbaum Associates.

McCombs, M. E., & Shaw, D. L. (1976). Structuring the 'unseen environment'. *Journal of Communication, 26*(2), 18–22.

McGee, M. (2005). *Self-Help, Inc.: Makeover culture in American life*. New York: Oxford University Press.

McKenna, R. J., & Martin-Smith, B. (2005). Decision making as a simplification process: New conceptual perspectives. *Management Decision, 43*(6), 821–836.

McLeod, J. M., & Chaffee, S. H. (1973). Interpersonal approaches to communication research. *American Behavioral Scientist, 16*(4), 469–499.

McManus, J. H. (1994). *Market-driven journalism: Let the citizen beware?* Thousand Oaks, CA: Sage Publications.

McNelly, J. T. (1959). Intermediary communicators in the international flow of news. *Journalism Quarterly, 36*(1), 23–26.

McQuail, D., & Windahl, S. (1981). *Communication models for the study of mass communications*. New York: Longman.

Miller, A., Goldenberg, E., & Erbring, L. (1979). Typeset politics: Impact of newspapers on public confidence. *American Political Science Review, 73*, 67–83.

Miller, B. (2006). Issue advocacy and traditional news content: A study of the impact of marketplace advocacy on local television news media. Paper presented at the International Communication Association.

Mills, C. W. (2007). White ignorance. In S. Sullivan & N. Tuana (Eds.), *Race and epistemologies of ignorance* (pp. 13–38). Albany: State University of New York Press.

Milner, M. (2004). *Freaks, geeks, and cool kids: American teenagers, schools, and the culture of consumption*. New York: Routledge.

Molotch, H., & Lester, M. (1974). News as purposive behavior: On the strategic use of routine events, accidents, and scandals. *American Sociological Review, 39*(1), 101–112.

Mooney, C. (2004, March–April). The editorial pages and the case for war. *Columbia Journalism Review, 42*(6), 28–34.

Moran, K. C. (2006). Is changing the language enough? *Journalism, 7*(3), 389–405.

Morrison, K. (1995). *Marx, Durkheim, Weber: Formations of modern social thought*. Thousand Oaks, CA: Sage.

Napoli, P. M. (2003). *Audience economics: Media institutions and the audience marketplace*. New York: Columbia University Press.

Napoli, P. M., & Yan, M. Z. (2007). Media ownership regulations and local news programming on broadcast television: An empirical analysis. *Journal of Broadcasting & Electronic Media, 51*(1), 39–57.

Nerone, J. C. (1995). *Last rights: Revisiting four theories of the press*. Urbana: University of Illinois Press.

Newcomb, T. M. (1953). An approach to the study of communicative acts. *Psychological Review, 60*(6), 393–404.

Niblock, S., & Machin, D. (2007). News values for consumer groups: The case of Independent Radio News, London, UK. *Journalism, 8*(2), 184–204.

Nisbett, R., & Ross, L. (1980). *Human inference: Strategies and shortcomings of social judgment*. New York: Prentice-Hall.

Noelle-Neumann, E. (1980). Mass media and social change in developed societies. In G. C. Wilhoit & H. deBock (Eds.), *Mass communication review yearbook* (pp. 657–678). Beverly Hills, CA: Sage.

Norris, P., Curtice, J., Sanders, D., Scammell, M., & Semetko, H. A. (1999). *On message: Communicating the campaign*. Thousand Oaks, CA: Sage.

Olson, K. K. (2004). First Amendment values in fair use analysis. *Journalism & Communication Monographs, 5*(4), 159–202.

Ostergaard, B. S., & Euromedia Research Group. (1992). *The media in Western Europe: The Euromedia handbook*. Newbury Park, CA: Sage Publications.

Ostgaard, E. (1965). Factors influencing the flow of news. *Journal of Peace Research, 2*(1), 39–63.

Ottosen, R. (1992). Truth: The first victim of war? In H. Mowlana, G. Gerbner & H. I. Schiller (Eds.), *Triumph of the image: The media war in the Persian Gulf, a global perspective* (pp. 137–143). San Francisco: Westview Press.

Paglin, M. D., Hobson, J. R., & Rosenbloom, J. (1999). *The Communications Act: A legislative history of the major amendments, 1934–1996*. Silver Spring, MD: Pike & Fischer.

Palmer, D. C., & Donahue, J. W. (1992). Essentialism and selectionism in cognitive science and behavior analysis. *American Psychologist, 47*(11), 1344–1358.

Paterson, C. A. (2001). The transfer of frames in global television. In S. D. Reese, O. H. Gandy & A. E. Grant (Eds.), *Framing public life: Perspectives on media and our understanding of the social world* (pp. 337–353). Mahwah, NJ: Lawrence Erlbaum Associates.

Patterson, T. E. (1993). *Out of order*. New York: A. Knopf.

Paul, R., & Elder, L. (2002). *Critical thinking: Tools for taking charge of your professional and personal life*. Upper Saddle River, NJ: Financial Times/Prentice Hall.

Pavlik, J. (2000). The impact of technology on journalism. *Journalism Studies, 1*(2), 229–237.

Perlmutter, D. D. (1998). *Photojournalism and foreign policy: Icons of outrage in international crises*. Westport, CT: Praeger.

Petty, R. E., & Cacioppo, J. T. (1984). The effects of involvement on response to argument quality and quantity: Central and peripheral routes to persuasion. *Journal of Personality and Social Psychology, 46*(1), 69–81.

Pew Research Center for the People and the Press. (2006). Online papers modestly boost newspaper readership. Retrieved September 15, 2007, from http://people-press.org/reports/display.php3?PageID=1064

Pierson, P. (2004). *Politics in time: History, institutions, and social analysis*. Princeton, NJ: Princeton University Press.

Pollard, G. (1995). The influence of professionalism, perceptions of organizational structure, and social attributes. *Journalism & Mass Communication Quarterly, 72*(3), 682–697.

Pool, I. D. S., & Shulman, I. (1959). Newsmen's fantasies, audiences, and newswriting. *Public Opinion Quarterly, 23*, 145–158.

Powers, A. (1990). The changing market structure of local television news. *Journal of Media Economics, 3*(1), 37–55.

Pracene, U. C. (2005). *Journalists, shield laws, and the First Amendment: Is the fourth estate under attack?* New York: Novinka Books.

Price, C. J. (2003). Interfering owners or meddling advertisers: How network television news correspondents feel about ownership and advertiser influence on news stories. *Journal of Media Economics, 16*(3), 175–188.

Prisuta, R. H. (1979). Local television news as an oligopolistic industry: A pilot study. *Journal of Broadcasting, 23*(1), 61–68.

Proffitt, J. M. (2001). *Gatekeeping and the editorial cartoon: A case study of the 2000 presidential campaign cartoons*. Paper presented at the Association for Education in Journalism and Mass Communication.

Protess, D., Cook, F. L., Doppelt, J. C., Ettema, J. S., Gordon, M. T., Leff, D. R., et al. (1991). *The Journalism of outrage: Investigative reporting and agenda building in America*. New York: Guilford Press.

Puette, W. (1992). *Through jaundiced eyes: How the media view organized labor*. Ithaca, NY: ILR Press.

Quenk, N. L. (2000). *Essentials of Myers-Briggs type indicator assessment*. New York: Wiley.

Rada, J. A. (1996). Color blind-sided: Racial bias in network television's coverage of professional football games. *Howard Journal of Communications, 7*(3), 231–239.

Ramsey, S. (1999). A benchmark study of elaboration and sourcing in science stories for eight American newspapers. *Journalism & Mass Communication Quarterly, 76*(1), 87–98.

Ranney, A. (1983). *Channels of power: The impact of television on American politics*. New York: Basic Books.

Ravi, N. (2005). Looking beyond flawed journalism: How national interests, patriotism, and cultural values shaped the coverage of the Iraq War. *Harvard International Journal of Press/Politics, 10*(1), 45–62.

Reber, B. H., & Kim, J. K. (2006). How activists groups use websites in media relations: Evaluating online press rooms. *Journal of Public Relations Research, 18*(4), 313–333.

Reese, S. D. (1990). The news paradigm and the ideology of objectivity: A socialist at The Wall Street Journal. *Critical Studies in Mass Communication 7*(4), 390–409.

Reese, S. D., & Ballinger, J. (2001). The roots of a sociology of news: Remembering Mr. Gates and social control in the newsroom. *Journalism & Mass Communication Quarterly, 78*(4), 641–658.

Reese, S. D., & Danielian, L. H. (1989). Intermedia influence and the drug issue: Converging on cocaine. In P. J. Shoemaker (Ed.), *Communication campaigns about drugs: Government, media, public* (pp. 29–46). Hillsdale, NJ: Lawrence Erlbaum.

Reisner, A. E. (1992). The news conference: How daily newspaper editors construct the front page. *Journalism & Mass Communication Quarterly, 69*(2), 971–986.

Rich, A., & Weaver, R. K. (2000). Think tanks in the U.S. media. *Harvard International Journal of Press/Politics, 5*(4), 81–103.

Rich, C. (2003). *Writing and reporting news: A coaching method* (4th ed.). Belmont, CA: Wadsworth/Thomson Learning.

Richardson, J. E. (2001). British Muslims in the broadsheet press: A challenge to cultural hegemony? *Journalism Studies, 2*(2), 221–242.

Rivenburgh, N. K. (2000). Social identity theory and news portrayals of citizens involved in international affairs. *Media Psychology, 2*(4), 303–329.

Rivers, W. L. (1965). *The opinionmakers*. Boston: Beacon.

Roach, T. (1995). Competing news narratives, consensus, and world power. In Y. R. Kamalipour (Ed.), *The U.S. media and the Middle East: Image and perception* (pp. 25–34). Westport, CT: Greenwood Press.

Roberts, M., & McCombs, M. E. (1994). Agenda setting and political advertising: Origins of the news agenda. *Political Communication, 11*(3), 249–262.

Rodriguez, M. A., & Steinbock, D. J. (2006). *The anatomy of a large scale collective decision making system*. Los Alamos, NM: University of California, Santa Cruz, Los Alamos National Labratory.

Rogers, E. M. (1994). *A history of communication study: A biographical approach*. New York: The Free Press.

Rolland, A. (2006). Commercial news criteria and investigative journalism. *Journalism Studies, 7*(6), 940–963.

Rose, M. (1991). Activism in the 90s: Changing roles for public relations. *Public Relations Quarterly, 36*(3), 28–32.

Roshco, B. (1975). *Newsmaking*. Chicago: University of Chicago Press.

Rosse, J. N. (1980). The decline of direct newspaper competition. *Journal of Communication, 30*(1), 65–71.

Rossiter, J. R. (1981). Predicting starch scores. *Journal of Advertising Research, 21*(5), 9–11.

Rothenbuhler, E. W. (2005). The church of the cult of the individual. In E. W. Rothenbuhler & M. Coman (Eds.), *Media anthropology* (pp. 91–100). Thousand Oaks, CA: Sage.

Russell, A. (1995). MADD rates the states: A media advocacy event to advance the agenda against alcohol-impaired driving. *Public Health Reports, 110*, 240–245.

Russial, J. T. (1997). Topic-team performance: A content study. *Newspaper Research Journal, 18*(1–2), 126–144.

Sallot, L. M., & Johnson, E. A. (2006). Investigating relationships between journalists and public relations practitioners: Working together to set, frame and build the public agenda, 1991–2004. *Public Relations Review, 32*(2), 151–159.

Sallot, L. M., Steinfatt, T. M., & Salwen, M. B. (1998). Journalists' and public relations practitioners' news values: Perceptions and cross-perceptions. *Journalism & Mass Communication Quarterly, 75*(2), 366–377.

Salwen, M. B. (2005). Online news trends. In M. B. Salwen, B. Garrison & P. D. Driscoll (Eds.), *Online news and the public* (pp. 47–80). Mahwah, NJ: Lawrence Erlbaum.

Sanders, K., Bale, T., & Canel, M. J. (1999). Managing sleaze: Prime ministers and news management in conservative Great Britain and socialist Spain. *European Journal of Communication, 14*(4), 461–486.

Sasser, E. L., & Russell, J. T. (1972). The fallacy of news judgment. *Journalism Quarterly, 49*, 280–284.

Schierhorn, A. B., Endres, F. F., & Schierhorn, C. (2001). Newsroom teams enjoy rapid growth in the 1990s. *Newspaper Research Journal, 22*(3), 2–15.

Schiffer, A. J. (2006). Blogswarms and press norms: News coverage of the Downing Street memo controversy. *Journalism & Mass Communication Quarterly, 83*(3), 494–510.

Schlesinger, P. (1987). *Putting 'reality' together: BBC News*. New York: Methuen.

Schramm, W. (1980). The beginnings of communication study in the United States. *Communication, 9*(2), 1–6.

Schudson, M. (1978). *Discovering the news: A social history of American newspapers*. New York: Basic Books.

Schudson, M. (2001). The objectivity norm in American journalism. *Journalism, 2*(2), 149–170.

Schudson, M. (2003). *The sociology of news*. New York: Norton.

Scott, D. M. (2007). *The new rules of marketing and PR: How to use news releases, blogs, podcasts, viral marketing and online media to reach your buyers directly*. Hoboken, NJ: John Wiley & Sons.

Shin, J.-H., & Cameron, G. T. (2005). Different sides of the same coin: Mixed views of public relations practitioners and journalists for strategic conflict management. *Journalism & Mass Communication Quarterly, 82*(2), 318–338.

Shoemaker, P. J. (1984). Media coverage of deviant political groups. *Journalism Quarterly, 61*, 66–75, 82.

Shoemaker, P. J. (1991). *Gatekeeping*. Newbury Park, CA: Sage Publications.

Shoemaker, P. J. (1996). Hardwired for news: Using biological and cultural evolution to explain the surveillance function. *Journal of Communication, 46*(3), 32–47.

Shoemaker, P. J. (2006). News and newsworthiness: A commentary. *Communications: The European Journal of Communication Research, 31*(1), 105–111.

Shoemaker, P. J., Chang, T. K., & Brendlinger, N. (1987). Deviance as a predictor of newsworthiness: Coverage of international events in the U.S. media. In M. McLaughlin (Ed.), *Communication yearbook* (Vol. 10, pp. 348–365). Newbury Park, CA: Sage.

Shoemaker, P. J., & Cohen, A. A. (2006). *News around the world: Content, practitioners, and the public*. New York: Routledge.

Shoemaker, P. J., Danielian, L. H., & Brendlinger, N. (1991). Deviant acts, risky business and U.S. interests: The newsworthiness of world events. *Journalism & Mass Communication Quarterly, 68*(4), 781–795.

Shoemaker, P. J., Eichholz, M., Kim, E., & Wrigley, B. (2001). Individual and routine forces in gatekeeping. *Journalism & Mass Communication Quarterly, 78*(2), 233–246.

Shoemaker, P. J., & Mayfield, E. K. (1987). Building a theory of news content. *Journalism Monographs, 103*.

Shoemaker, P. J., & Reese, S. D. (1996). *Mediating the message: Theories of influences on mass media content* (2nd ed.). White Plains, NY: Longman.

Shoemaker, P. J., Seo, H., & Johnson, P. (2008). Audience gatekeeping: A study of the New York Times most-emailed items. Paper presented to Convergence and Society: The Participatory Web, University of South Carolina, South Carolina, October.

Shoemaker, P. J., Tankard, J. W., & Lasorsa, D. L. (2004). *How to build social science theories*. Thousand Oaks, CA: Sage.

Siebert, F. S. (1956). *Four theories of the press: The authoritarian, libertarian, social responsibility, and Soviet communist concepts of what the press should be and do*. Urbana: University of Illinois Press.

Siebert, F. S., Peterson, T., & Schramm, W. L. (1973). *Four theories of the press: The authoritarian, libertarian, social responsibility, and Soviet communist concepts of what the press should be and do*. Freeport, NY: Books for Libraries Press.

Sigal, L. V. (1973). *Reporters and officials: The organization and politics of newsmaking*. Lexington, MA: D. C. Heath.

Sinclair, U. (1906). *The jungle*. New York: Doubleday Page & company.

Sinclair, U. (1920). *The brass check: A study of American journalism*. Pasadena, CA: The author.

Singer, J. B. (1997). Still guarding the gate? The newspaper journalist's role in an on-line world. *Convergence: The Journal of Research into New Media Technologies, 3*(1), 72–89.

Singer, J. B. (1998). Online journalists: Foundations for research into their changing roles. *Journal of Computer Mediated Communication, 4*(1).

Singer, J. B. (2001). The metro wide web: Changes in newspapers' gatekeeping role online. *Journalism & Mass Communication Quarterly, 78*(1), 65–81.

Singer, J. B. (2005). The political j-blogger: 'Normalizing' a new media form to fit old norms and practices. *Journalism, 6*(2), 173–198.

Skewes, E. A. (2007). *Message control: How news is made on the presidential campaign trail*. Lanham, MD: Rowman & Littlefield Publishers.

Skolnick, J. H. (1968). Coercion to virtue: The enforcement of morals. *Southern California Law Review, 41*(3), 588–626.

Snider, P. B. (1967). 'Mr. Gates' revisited: A 1966 version of the 1949 case study. *Journalism Quarterly, 44*(3), 419–427.

Snodgrass, J. G., Levy-Berger, G., & Hayden, M. (1985). *Human experimental psychology*. New York: Oxford University Press.

Soley, L. C. (1992). *The news shapers: The sources who explain the news*. New York: Praeger.

Soley, L. C. (2002). *Censorship, Inc.: The corporate threat to free speech in the United States*. New York: Monthly Review Press.

Stark, K., & Soloski, J. (1977). Effect of reporter predisposition in covering controversial story. *Journalism Quarterly, 54*(1), 120–125.

Stegall, S. K., & Sanders, K. P. (1986). Coorientation of PR practitioners and news personnel in education news. *Journalism Quarterly, 63*(2), 341–393.

Stempel, G. H., III. (1959). Uniformity of wire content in six Michigan dailies. *Journalism Quarterly, 36*, 45–48, 120.

Stempel, G. H., III. (1962). Content patterns of small and metropolitan dailies. *Journalism Quarterly, 39*(1), 88–91.

Stempel, G. H., III. (1985). Gatekeeping: The mix of topics and the selection of stories. *Journalism Quarterly, 62*(4), 791–796, 815.

Stempel, G. H., III. (1989). Content analysis. In G. H. Sempel, III & B. H. Westley (Eds.), *Research methods in mass communication* (pp. 124–136). Englewood Cliffs, NJ: Prentice-Hall.

Sternberg, R. J. (1999). *The nature of cognition*. Cambridge, MA: MIT Press.

Stewart, P. L., & Cantor, M. G. (1982). Introduction. In P. L. Stewart & M. G. Cantor (Eds.), *Varieties of work*. Beverly Hills, CA: Sage.

Stinchcombe, A. L. (1987). *Constructing social theories*. Chicago: University of Chicago Press.

Streitmatter, R. (1997). *Mightier than the sword: How the news media have shaped American history*. Boulder, CO: Westview Press.

Strohm, S. M. (1999). The black press and the black community: The *Los Angeles Sentinel*'s coverage of the Watts riots. In M. S. Mander (Ed.), *Framing friction: Media and social conflict* (pp. 58–88). Urbana: University of Illinois Press.

Sturm, J. F. (2005). Time for change on media cross-ownership regulation. *Federal Communications Law Journal, 57*(2), 201–208.

Sumner, D. E., & Miller, H. G. (2005). *Feature and magazine writing: Action, angle, and anecdotes* (1st ed.). Ames, IA: Blackwell Publishing.

Sumpter, R. S. (2000). Daily newspaper editors' audience construction routines: A case study. *Critical Studies in Media Communication, 17*(3), 334–346.

Sun, T., Chang, T.-K., & Yu, G. (2001). Social structure, media system, and audiences in China: Testing the uses and dependency model. *Mass Communication & Society, 4*(2), 199–217.

Swidler, A. (1986). Culture in action: Symbols and strategies. *American Sociological Review, 51*(2), 273–286.

Tanesini, A. (1999). *An introduction to feminist epistemologies.* Malden, MA: Blackwell Publishers.

Tankard, J. W., Jr., Middleton, K., & Rimmer, T. (1979). Compliance with American Bar Association fair trial-free press guidelines. *Journalism Quarterly, 56*(3), 464–468.

Thomason, T., & LaRocque, P. (1995). Editors still reluctant to name rape victims. *Newspaper Research Journal, 16*(3), 42–51.

Thussu, D. K. (2002). Managing the media in an era of round-the-clock news: Notes from India's first tele-war. *Journalism Studies, 3*(2), 203–212.

Todd, R. (1983). New York Times advisories and national/international news selection. *Journalism Quarterly, 60*(4), 705–708, 676.

Traquina, N. (2004). Theory consolidation in the study of journalism: A comparative analysis of the news coverage of HIV/AIDS issue in four countries. *Journalism, 5*(1), 97–116.

Trayes, E. J. (1978). Managing editors and their newsrooms: A survey of 208 APME members. *Journalism Quarterly, 55*(4), 744–749, 898.

Tuchman, G. (1972). Objectivity as strategic ritual: An examination of newsmen's notions of objectivity. *American Journal of Sociology, 77*, 660–679.

Tuchman, G. (1978). *Making news: A study in the construction of reality.* New York: Free Press.

Tuchman, G. (1997). Making news by doing work: Routinizing the unexpected. In D. Berkowitz (Ed.), *Social Meanings of News* (pp. 173–192). Thousand Oaks, CA: Sage Publications.

Tuggle, C. A., & Huffman, S. (1999). Live news reporting: Professional judgment or technological pressure? A national survey of television news directors and senior reporters. *Journal of Broadcasting & Electronic Media, 43*(4), 492–505.

Tunstall, J. (1971). *Journalists at work.* London: Constable.

Turner, G. (2002). *British cultural studies: An introduction* (3rd ed.). New York: Routledge.

Turow, J. (1997). *Breaking up America: Advertisers and the new media world.* Chicago: University of Chicago Press.

Underwood, D. (1993). *When MBAs rule the newsroom: How the marketers and managers are reshaping today's media.* New York: Columbia University Press.

VanSlyke Turk, J. (1986a). Information subsidies and media content: A study of public relations influence on the news. *Journalism Monographs, 100.*

VanSlyke Turk, J. (1986b). Public relations' influence on the news. *Newspaper Research Journal, 7*(4), 15–27.

Vettehen, P. H., Nuijten, K., & Beentjes, J. W. J. (2005). News in an age of competition: The case of sensationalism in Dutch television news, 1995–2001. *Journal of Broadcasting & Electronic Media, 49*(3), 282–295.

Voakes, P. S. (1998). What were you thinking? A survey of journalists who were sued for invasion of privacy. *Journalism & Mass Communication Quarterly, 75*(2), 378–393.

Voakes, P. S. (1999). Civic duties: newspaper journalists' views on public journalism. *Journalism & Mass Communication Quarterly, 76*(4), 756–774.

Vos, T. P. (2005). Explaining media policy: American political broadcasting policy in comparative context. Unpublished Dissertation, Syracuse University, Syracuse, NY.

Wackman, D. B., Gillmor, D. M., Gaziano, C., & Dennis, E. E. (1975). Chain newspaper autonomy as reflected in presidential campaign endorsements. *Journalism Quarterly, 52*(3), 411–420.

Wallerstein, I. M. (1974). *The modern world-system*. New York: Academic Press.

Wang, X., Shoemaker, P. J., Han, G., & Storm, E. J. (2008). Images of nations in the eyes of American educational elites. *American Journal of Media Psychology, 1*(1/2), 36–60.

Warren, C. A., & Vavrus, M. D. (2002). *American cultural studies*. Urbana: University of Illinois Press.

Wasburn, P. C. (2002). *The social construction of international news: We're talking about them, they're talking about us*. Westport, CT: Praeger.

Weaver, D. H., Beam, R. A., Brownlee, B. J., Voakes, P. S., & Wilhoit, G. C. (2007). *The American journalist in the 21st century: U.S. news people at the dawn of a new millennium*. Mahwah, NJ: Lawrence Erlbaum Associates.

Weaver, D. H., & Wilhoit, G. C. (1986). *The American journalist: A portrait of U.S. news people and their work*. Bloomington: Indiana University Press.

Weaver, D. H., & Wilhoit, G. C. (1996). *The American journalist in the 1990s: U.S. news people at the end of an era*. Mahwah, NJ: Erlbaum.

Webb, E. J., & Salancik, J. R. (1965). Notes on the sociology of knowledge. *Journalism Quarterly, 42*, 595–596.

Weick, K. (1979). *The social psychology of organizing*. Reading, MA: Addison-Wesley.

Weill, S. (2001). Hazel and 'Hacksaw': Freedom summer coverage by the women of the Mississippi press. *Journalism Studies, 2*(4), 545–561.

Westley, B. H. (1953). *News editing*. Cambridge, MA: Houghton-Mifflin.

Westley, B. H., & MacLean, M. S., Jr. (1957). A conceptual model for communications research. *Journalism Quarterly, 34*, 31–38.

White, D. M. (1950). The 'gate keeper': A case study in the selection of news. *Journalism Quarterly, 27*, 383–390.

Whitney, D. C. (1981). Information overload in the newsroom. *Journalism Quarterly, 58*, 69–76, 161.

Whitney, D. C., & Becker, L. B. (1982). 'Keeping the gates' for gatekeepers: The effects of wire news. *Journalism Quarterly, 59*(1), 60–65.

Williams, B. A., & Carpini, M. X. D. (2004). Monica and Bill all the time and everywhere: The collapse of gatekeeping and agenda setting in the new media environment. *American Behavioral Scientist, 47*(9), 1208–1230.

Williams, F., Phillips, A. F., & Lum, P. (1985). Gratifications associated with new communication technologies. In K. E. Rosengren, L. A. Wenner & P. Palmgreen (Eds.), *Media gratifications research: Current perspectives* (pp. 241–252). Beverly Hills, CA: Sage Publications.

Williams, R. (1977). *Marxism and literature*. New York: Oxford University Press.

Wilson, L. J. (2004). *Strategic program planning for effective public relations campaigns* (4th ed.). Dubuque, IA: Kendall/Hunt.

Wolfsfeld, G. (1984). Collective political action and media strategy. *Journal of Conflict Resolution, 28*, 363–381.

Wood, D. J., & Gray, B. (1991). Toward a comprehensive theory of collaboration. *Journal of Applied Behavioral Science, 27*(2), 139–162.

Woodward, B., & Bernstein, C. (1974). *All the president's men*. New York: Simon & Schuster.

Wright, P., & Barbour, F. (1976). The relevance of decision process models in structuring persuasive messages. In M. Ray & S. Ward (Eds.), *Communicating with consumers* (pp. 57–70). Beverly Hills, CA: Sage.

Wu, F., & Huberman, B. A. (2007). *Novelty and collective action*. Palo Alto, CA: HP Labs, Information Dynamic Laboratory.

Yoon, Y. (2005). Legitimacy, public relations, and media access: Proposing and testing a media access model. *Communication Research, 32*(6), 762–793.

Young, S. (2006). Not biting the hand that feeds? *Journalism Studies, 7*(4), 554–574.

Zaller, J., & Chiu, D. (1996). Government's little helper: U.S. press coverage of foreign policy crises, 1945–1991. *Political Communication, 13*(4), 385–405.

Zinsser, W. K. (2001). *On writing well: The classic guide to writing nonfiction*. New York: Quill.

Zoch, L. M., & Turk, J. V. (1998). Women making news: Gender as a variable in source selection and use. *Journalism & Mass Communication Quarterly, 75*(4), 762–775.

索 引

（所注页码为英文原书页码，即本书边码）

Abbott, E. A. 阿博特 116, 135

ABC 美国广播公司 4, 46

ABC World News Tonight 美国广播公司《晚间世界新闻》节目 104

abortion, cross-cultural research 堕胎，跨文化研究 133

Accuracy in Media 准确报道组织 91

Adams, J. S. 亚当斯 62, 68, 70

Adams, R. C. 亚当斯 63, 64

advertising 广告 123, 126, 135; social institutions 社会机制 78, 80 - 3, 89, 92, 93, 95

Afghan War 阿富汗战争 48, 79

African American media 非裔美国人媒体 43, 44, 98

agency 行为 48; and structure 结构性约束 101, 134

agenda-setting: inter-media 议程设置：跨媒体 92 - 3, 95; research 研究 3

Akass, K. 阿卡斯 91

Akhavan-Majid, R. 阿哈万-马吉德 67

Al Gazeera 半岛电视台 97

Allen, C. 艾伦 93

Allen, D. S. 艾伦 65

alternative media 替代性媒体 2, 5, 55, 63, 96

Althaus, S. L. 奥尔索斯 89

Altschull, H. J. 阿特休尔 80

American Bar Association（ABA）美国律师协会 91-2

American Family Association（AFA）美国家庭协会 91

An, S. 安 67, 83

Andersen, R. 安德森 45

Anderson, D. A. 安德森 58

anecdotes 轶事 26, 124, 126

Ankney, R. N. 安克尼 71

Arant, M. D. 埃伦特 47

Argentina, journalists 阿根廷，记者 44

Asia, social system 亚洲，社会系统 105

Associated Press 美联社 15, 69, 70; style guidelines 体例手册 58, 126

associationism 联想 33-4

Atton, C. 阿顿 55

audiences 受众 133; as channels 受众渠道 123-4, 126, 127-9, 131; communication routines 传播常规 52-4, 59; as gatekeepers 受众把关人 6, 21, 127-9; and gatekeeping process 受众把关程序 3-4, 6-7, 26; as social institutions 受众作为社会机制 78-81

Australia, government advertising 澳大利亚，政府广告 89

availability heuristic 获得式启发 37

Baade, R. C. 巴德 56

Badaracco, C. 巴达拉科 44

Badii, N. 巴迪 53

Bagdikian, B. H. 巴格迪基安 3, 9, 77, 83, 94

Bailey, M. 贝利 104

Baker, C. E. 贝克 80, 94

Bales, R. F. 贝尔斯 20

Bantz, C. R. 班茨 4, 56, 62, 67

Barbour, F. 巴伯 39, 40, 41, 116

Barnett, B. 巴尼特 85

Bass, A. Z. 巴斯 19, 48

Bavelas, A. 巴弗拉斯 12

Baysha, O. 贝沙 104

Beam, R. A. 比姆 66

Becker, L. B. 贝克尔 24, 69-70

Becker, S. 贝克尔 101, 102

behavioral psychology 行为心理学 33-4

Bennett, W. L. 贝内特 27, 54, 58, 87

Benson, R. 本森 118-19, 133, 134

Bergen, L. A. 伯根 67, 83

Berkowitz, D. 伯科威茨 23, 40-1, 47, 67, 88, 93, 94

Bernstein, C. 伯恩斯坦 23

Bezanson, R. P. 贝赞森 84

Bissell, K. L. 比斯尔 42, 65

Blair government 布莱尔政府 88

Blankenburg, W. B. 布兰肯伯格 65

Blanks, S. E. 布兰克斯 65

blogs 博客 7, 68, 114, 127

Boczkowski, P. J. 博茨科夫斯基 68

Bohoris, G. 伯霍利斯 A. 40

Boorstin, D. J. 布尔斯廷 54

Boudreau, T. 布德罗 67

boundary role persons 边界角色人 21, 22, 68-71, 80, 114

Bourdieu, Pierre 皮埃尔·布尔迪厄 3, 109, 118, 119, 120

Bowman, W. 鲍曼 47

Boyd-Barrett, O. 博伊德-巴雷特 99

Boyle, T. P. 博伊尔 93

Brassfield, L. T. 布拉斯菲尔德 116, 135

Breed, W. 布里德 56, 60, 71, 74

Britain 英国 88-9，102

British Broadcasting Corporation 英国广播公司 102

Britishness 英伦观 102

broadcast media 广播电视媒体 24，71，135；social institutions and 社会机制 77-8，81，83，86，89，90；*see also* television 另见 电视

Brown，R. M. 布朗 112

Bruns，A. 布伦斯 59

Buckalew，J. K. 巴克柳 53

Burch，E. A. 伯齐 103

Bush administration 布什政府 1-2，4，55，90

Cameron，G. T. 卡梅伦 86

Campbell，C. P. 坎贝尔 45

Campbell，R. 坎贝尔 45

Canada，social institutions 加拿大，社会机制 84

capitalism，journalists' values 资本主义，记者的价值观 45

Carpini，M. X. D. 卡尔皮尼 58，119

Carr，D. 卡尔 27

cartoons 漫画 65

Cassidy，W. P. 卡西迪 51

Cassirer，Ernst 恩斯特·卡西尔 111

CBS 哥伦比亚广播公司 4，46

celebrities 名流 25

Central America 中美洲 117

Cervone，D. 瑟芬 42

Chaffee，S. H. 查菲 21，52

Chang，T.-K. 张 67，100

Channels *see* communication channels 渠道 见 传播渠道；gatekeeping channels 把关渠道

channel theory 渠道理论 11n

Chen, C. - H. 陈 100

Chibnall, S. 奇布诺尔 19 - 20, 53

China, social system 中国, 社会系统 100, 106 - 7

Chomsky, D. 乔姆斯基 64

Chomsky, N. 乔姆斯基 117, 132

Christian Coalition 基督教联盟 91

civic journalism 公民新闻 47, 85

civil rights movement 民权运动 2, 101

class 阶层 43 - 4

Clayman, S. E. 克莱曼 57 - 8

Clinton, Bill 比尔·克林顿 46

CNN 有线电视新闻网 71, 97, 133

cognition 认知 3; communication routines 传播常规 60; individual level 个体层面 33 - 42, 48

cognitive heuristics 认知启发技术 21, 37 - 8, 48, 71 - 2, 115

Cohen, A. A. 科恩 104, 105, 133

Cohen, Bernard C. 伯纳德·科恩 47, 73, 80

Cold War 冷战 103

collaboration 协作, 合作 59, 92, 133

Columbia Journalism Review 《哥伦比亚新闻评论》 1

Common Cause 共同事业组织 91

communication channels 沟通渠道, 渠道 20, 54, 60; entrance of information items 渠道入口 22 - 4

communication routines 传播常规 26, 31 - 2, 40, 51 - 61; challenges for future research 对未来研究的挑战 133, 134; forces influencing 常规作用 59 - 61; holistic gatekeeping model 多因素把关模型 115, 116, 117; organizational context 机构环境 55 - 9, 60, 66, 68, 69; orientation to audiences 以受众需求为标准 52 - 4, 59; orientation to external sources 对外部信息源的偏好 54 - 5, 60

communication theory and research 15 - 21, 112; *see also* Gatekeeping Theory 传播理论与研究 另见 把关理论

competition 竞争 2，77 - 8，80，90，92，112

Comrie，M. 科姆里 78

Condit，C. M. 康迪特 103

Conners，J. L. 康纳斯 68

content analysis 内容分析 131，134

cookies 7

coorientation model 协同定向模型 17；journalists and sources 记者和信息源 85 - 6，95

Corner，J. 科纳 105

corporate scandals 企业的丑闻 132

Cosmopolitan《大都会》82

Coulson，D. C. 库尔森 64

counter socialization 抗拒社会化 74

Craft，S. 克拉夫特 67

Cranberg，G. 克兰伯格 84

Creeber，G. 克里伯 102

cross-cultural research 跨文化研究 104，119，133

Culbertson，H. 卡伯特森 47

cultural studies 文化研究 101，104

culture 文化 4，32，97，99，102，104 - 5，106，107，118；holistic gatekeeping model 多因素把关模型 113；individual level 个体层级 50；organizational level 机构层级 67，72，74

Curtin，P. A. 柯廷 71，87

Cutlip，S. M. 卡特利普 70

Danielian，L. H. 丹尼利恩 92

deadlines 截稿时间 18，56

de Almeida，A. T. 德·阿尔梅达 40

decision making 决策 95；communication routines 传播常规 58，116；holistic gatekeeping model 多因素把关模型 115，116；individual level 个体层级 35，

37-42

decision-making theory 决策理论 38-40

Demers, D. P. 德默斯 65, 66

democracy, journalists' values 民主, 记者的价值观 44-5; social system 社会系统 98, 100

Denmark, journalists 丹麦, 记者 44

Dennis, E. E. 丹尼斯 65

deviance 越轨 4, 5; journalists' values 记者的价值观 46-7; and newsworthiness 新闻价值 25, 126-7; social institutions 社会机制 85

digg.com 59, 124

Dixon, T. L. 狄克逊 92

Donohew, L. 唐诺休 64, 79

Donohue, G. A. 多纳休 29, 100

Downing Street memo 唐宁街备忘录 1, 2, 22, 55, 63

Dunwoody, S. 邓伍迪 56

Duran, J. 杜兰 117

economics: communication routines 经济学: 传播常规 60-1; globalization challenge 全球化的挑战 133; organizational level 机构层级 65-6; social institutions 社会机制 76-8, 83-4, 94-5; social structure 社会结构 100

Edge, M. 埃奇 84

editorial items, purpose 社论, 评论, 目标 2

education 教育 43-4, 49

Ehrlich, M. C. 埃利希 78

Eichholz, M. 艾科尔兹 51

Eisenhower, Dwight 德怀特·艾森豪威尔 88

Elder, L. 埃尔德 116

elite organizations 精英机构, culture of 机构的文化 67

elites, power of 精英, 权力 102-3, 117, 120, 133

elite sources 精英信息源 54-5, 60, 85, 96

Elliott，P. 埃利奥特 19

Endres，F，F. 恩德雷斯 64

Enron 安然 132

enterprise channels 开拓性渠道 22，23，54，60

Entman，R. M. 恩特曼 44，101，103

environmental factors 环境因素 49，132-3；see also field theory 另见 场论

environmental problems 环境问题 39-40，103

Epstein，E. J. 爱泼斯坦 27，51

Erbring，L. 埃尔布林 4

Esser，F. 埃瑟 64

ethics 伦理 58，60，72

ethnicity see race 种族 见 种族

ethnocentrism 民族优越感 44

Europe 欧洲 100，101

Eurovision News Exchange 欧洲电视新闻交换网 133

events 事件 5，24-5，57，121；see also newsworthiness 另见 新闻价值

Facebook 124

Fahmy，S. 法赫米 48，79

Falk，E. 福尔克 92

Federal Communications Commission（FCC）联邦通信委员会 90

feminism 女性主义 117

Ferguson，R. 弗格森 101

Ferree，M. M. 费里 133，134

Fico，F. 菲科 68

field theory 场论 111-20；holistic gatekeeping model 多因素把关模型 113-18；Lewin's theory 勒温的理论 11-12，34-5，109，111-12；new versions 场论的新发展 118-20

Fink，C. C. 芬克 81

Fish，M. J. 菲什 63，64

Flegel, R. C. 弗莱格尔 52

food industry, Lewin's gatekeeping model 食品工业，勒温的把关模型 12 - 15，109，112，122

forces 作用力 14，112，130，131，134；communication routines 传播常规 59 - 61；gatekeeping process 把关程序 23，27 - 9；holistic gatekeeping model 多因素把关模型 113 - 18；individual level 个体层级 48 - 50；organizational level 机构层级 73 - 5；social institutions as 社会机制 84，94 - 6；social systems as 社会系统 99，100 - 1，103，105 - 7

frames 框架 38，57，60

Frank, R. 弗兰克 45

Frank Magid Associates 弗兰克·马吉德协会 93

Freedman, E. 弗里德曼 68

functionalism 功能主义 60，96，98 - 9，105，106，107

Galtung, J 加尔通 57

game theory 博弈论 40

Gamson, W. A. 加姆森 133

Gandy, O. H., Jr. 甘迪 20，28，87，96，120

Gannett newspaper chain 甘内特报业集团 94

Gans, H. J 甘斯 9，27，44，46，53，98，99，102，106，113，117，133

gatekeeper 把关人 3，11，13 - 14，15 - 16，18 - 21，24，130；holistic gatekeeping mode 多因素把关模型 113 - 17；organizational level 机构层级 63 - 4；*see also* individual level 另见 个体层级

gatekeeping channels 渠道和把关 12 - 13，14，15，121 - 9，130，131，132；triple nature of 三条渠道 121 - 4，125

gatekeeping concept 把关概念 11 - 21；and communication process 沟通过程 20 - 1

gatekeeping models：Lewin's model 把关模型：勒温的模型 11 - 15；other approaches 其他方法 16 - 20；Shoemaker's holistic model 休梅克多因素模型 113 - 18，123；White's model 怀特模型 15 - 16

gatekeeping process 把关程序 11，15，22 - 9，121，132；characteristics of news items 新闻的特征 24-7；definition 定义 1；entrance of items into channels 讯息进入传播渠道的入口 22-4；forces 作用力 27-9；holistic model of 把关的多因素模型 113-17；importance of 把关的重要性 1-5；Gatekeeping Theory 把关理论 9-10, 109, 130-5；challenge of online media 网络媒体带来的挑战 130-2；challenges for future research 未来研究面对的挑战 132-5；field theory and 场论 112-20；importance 重要性 3-5；levels of analysis 分析层级 31-2, 113-18, 134（*see also* communication routines, individual level, organizational level, social institutions, social system 另见传播常规，个体层级，机构层级，社会机制，社会系统）；need to develop 发展的要求 135

gates 关卡 13-15, 24, 130, 132, 134-5

gatewatching（Bruns）把门 59

Gaziano, C. 加齐亚诺 64, 65

gender 性别 116-17；communication routines 传播常规 55；individual level 个体层级 43-4, 49；organizational level 机构层级 67

Gentzkow, M. 根茨科 76

Gerhards, J. 格哈德 133

Germany：psychology 德国：心理学 11-12, 34-5, 111-12；social system 社会系统 133

Gestalt theory 格式塔理论 34-5, 111-12

Giddens, Anthony 安东尼·吉登斯 134

Gieber, W. 吉伯 9, 16-17, 56, 79

Gillmor, D. M. 吉尔摩 65

Gitlin, T. 吉特林 46, 57, 60, 103, 106

Glasser, T. L. 格拉瑟 65

globalization 全球化 133-4

Gold, M. 戈尔德 111

Goldenberg, E. 戈登伯格 4

Golding, P. 戈尔丁 53, 57, 60

Good Housekeeping《美国好主妇》82

Google 谷歌 58

Google News《谷歌新闻》6

government 政府 1-2，23，54，78，88-91，95

Grabe，M. E. 格拉贝 85

Graham，M. L. 格雷厄姆 35-6

Gramsci，Antonio 安东尼·葛兰西 3，102

Gray，B. 格雷 59

Grey，D. L. 格雷 55

Grizard，E，格里扎尔 92

groupthink 从众思维 72-3，75，115

Gulf War 海湾战争 3-4，89

Gunter，B. 冈特 58

Gurevitch，M. 古雷维奇 133

Haber，R. N. 哈伯 34

Hagerty，James 詹姆士·哈格蒂 88

Haigh，M. M. 黑格 89

Hallahan，K. 哈拉汉 104

Hallin，D. C. 哈林 99，100，101

Hallock，S. 哈洛克 77

Halloran，J. D. 哈洛伦 19

Hansen，K. A. 汉森 64，68

Hardin，M. 哈丁 44，79

Harding，S. G. 哈丁 50

Hardt，H. 哈尔特 3

Hargittai，E. 哈基泰 82

Harmon，M. D. 哈蒙 77-8，93

Harrison，E. F. 哈里森 38

Harry，J. C. 哈里 103

Hart，Gary 加里·哈特 65

Hayden，M. 海登 33

Hays, R. G. 海斯 82

Head, S. W. 黑德 97, 100

hegemony theory 霸权理论 102–3

Heider, D. 海德 134

Henningham, J. 亨宁安 42

Herman, E. S. 赫尔曼 117, 132

Hess, S. 赫斯 42

Hewes, D. E. 休斯 35–6

Hickey, J. R. 希基 20–1

hierarchical linear modeling 分层线性模型 134

Hindman, D. B. 欣德曼 100

Hirsch, P. M. 赫希 20, 24, 52, 63, 66

history 历史 102, 119–20, 121

HIV/AIDS 艾滋病 55

Hoffman, McHugh 麦克休·霍夫曼 93

holism 整体论 34, 111–12, 113

Holland, J. L. 霍兰 42

Homans, G. C. 霍曼斯 52

Huckins, K. 赫金斯 91

Huffman, S. 赫夫曼 94

Human Relations《人际关系》11

Humphreys, P. 汉弗莱斯 100

ideology 意识形态，观念 32, 79, 97, 99, 101–3, 105, 106, 107, 118, 133; holistic gatekeeping model 多因素把关模型 113, 115, 116, 117

India, influence of government 印度，政府作用 88

individual level 个体层级 15–16, 18–20, 24, 31, 33–50, 134; communication routines 传播常规 51, 52–3; decision making 决策 35, 37–42; field theory 场论 118; forces influencing 多种作用力的影响 48–50; gatekeeper's characteristics 把关人特征 42–8, 49–50, 79; holistic gatekeeping model 多因素把

关模型 113-17; models of thinking 思维模式 33-5, 41; organizational level 机构层级 63-4, 67; professional role conception 职业角色观 47, 52, 94, 120; second guessing 二次评估 35-7, 41, 64, 86

individualism, journalists' values 个人主义, 记者的价值观 45

informal channels 非官方渠道 22-3, 54

information 信息 5; diffusion of 信息的扩散 7, 21

information channels *see* communication channels 信息渠道 见 传播渠道

information flow 信息流 7, 15, 17, 18-19, 21, 122

information items, entrance into channels 信息, 渠道入口 22-4

information processing approach 信息加工法 35

information subsidy 信息津贴 20, 28, 120

institutionalism 制度主义 101, 120

interaction effects 相互作用的效果 118-19, 134

interactivity 互动性 6, 130-1; *see also* online media 另见 网络媒体

interest groups 利益集团 20, 91-2

International Chamber of Commerce 国际商会 92

international news 国际新闻 18-19, 44; organizational level 机构层级 67, 71, 73; social institutions 社会机制 80, 92-3

International News Service 国际新闻社 15

internet *see* online media 互联网 见 在线媒体

introjective gatekeeper 内投射型把关人 79

investigative journalism 调查性报道 22, 23, 45

Iraq War 伊拉克战争 1-2, 22, 89, 90, 97, 104

Janis, I. L. 贾尼斯 72

Jefferson, Thomas 托马斯·杰斐逊 3

Johnson, P. 约翰逊 127

Johnson, R. 约翰逊 109

Johnstone, J. 约翰斯顿 47

journalism, journalists 新闻界, 新闻记者 9, 135; gatekeeping channels 媒体渠道

121–4；gatekeeping process 把关程序 1, 2, 7, 21, 23, 25–6, 28；interaction effects 多变量互动的结果 118–19, 134；professional role conception 职业角色观 47, 52, 94, 115, 120；and reader engagement 抓住读者 124, 126；social institutions and 社会机制 1, 89, 92, 93–4；*see also* individual level 另见 个体层级

Judd, R. P. 贾德 24

judgmental heuristics *see* cognitive heuristics 判断式启发技术 见 认知启发技术

Kahneman, D. 卡尼曼 37

Keith, S. 基思 58

Kellner, D. 凯尔纳 103

Kellogg, R. T. 凯罗格 48

Kessler. L. 凯斯勒 82

Kim, E. 金 51

Kim, H. S. 金 67, 71, 80

Kitschelt, H. 基舍尔 133

Knight-Ridder newspaper chain 奈特-里德报业集团 65

Korea, public relations 韩国，公共关系 88

Krock, Arthur 阿瑟，克罗克 88

Kuhn, R. 库恩 86

Kurpius, D. D. 库尔皮乌斯 52

Laitin, D. D. 莱廷 105

Larson, S. G. 拉森 104

Lee, J. 李 88

Lee, J.-H. 李 127

Lee, J. W. 李 67

Leigh, F. A. 利 58

Lerman, K. 莱尔曼 59

Lester, M. 莱斯特 60

levels of analysis 分析层级 31-2，113-17，134；see also communication routines；individual level；organizational level；social institutions；social system 另见 传播常规，个体层级，机构层级，社会机制，社会系统

Levey, M. 利维 133

Levinson, P. 莱文森 59

Levy-Berger, G. 利维-伯杰 33

Lewin, Kurt 库尔特·勒温 6，11-15，21，27，28，29，34-5，39，51，84，105，109，111-12，118，119，122，123，128，130，132

libel law 诽谤法 89

liberalism 自由主义 102

Linz, D. 林茨 92

Lippmann, Walter 沃尔特·李普曼 9

Littlefield, R. 利特菲尔德 100

Livingston, S. 利文斯通 54

local government 本地政府 4

logical positivism 逻辑实证主义 112

Los Angeles Times 《洛杉矶时报》 92

Luttbeg, N. R. 卢特贝格 4，53

MacDougall, A. Kent A. 肯特·麦克杜格尔 72

MacLean, M. S., Jr. 麦克莱恩 17-18，80，84，123

magazines 期刊 82，135

mainstream media 主流媒体 1-2，4，5，9，22，63

Mancini, P. 曼西尼 99，100，101

market research 市场研究 53，63，65，66

markets 市场 60-1，76-8，94-5，133；financial 财务 83-4

Martin-Smith, B. 马丁-史密斯 38-9

Marx, Karl 卡尔·马克思 3

Massachussets Institute of Technology, Research Center for Group Dynamics 麻省理工学院，群体动力学研究中心 11

mass communication theory *see* communication theory and research 大众传播理论 见 传播理论和研究

mass media *see* media 大众媒体 见 媒体

McCabe, J. 麦凯布 91

McCargo, D. 麦卡戈 105

McChesney, R. W. 麦科切斯尼 9, 117

McCombs, M. E. 麦科姆斯 24

McCorkle, S. 麦科克尔 56

McDonald, G. 麦克唐纳 92

McKenna, R. J. 麦肯娜 38 – 9

McManus, J. H. 麦克玛纳斯 66, 77, 78, 94

McNelly, J. T. 麦克内利 18 – 19

media: coverage of issues and events 媒体: 议题和事件的报道 4 – 5; definition 定义 5 – 6; as gatekeeping channels 作为把关渠道的媒体 121 – 4, 128, 131; influence of 的作用 4; relations between competing 竞争关系 92 – 3, 95

media conglomerates 媒体集团 77, 83 – 4

media corporations 媒体公司 65, 66, 77, 83 – 4, 90, 102

media law and regulation 与媒体相关的法律和政策 1, 88, 89 – 90, 95; groupthink and 从众思维 72

media research 媒介研究 3

media sociology 媒介社会学 5

Meyer, P. 迈耶 47

Middleton, K. 米德尔顿 92

Miller, A. 米勒 4

Mills, T. M. 米尔斯 20

Mischel, W. 米歇尔 42

moderatism, journalists' values 不偏不倚, 记者的价值观 45 – 6

Molotch, H. 莫洛奇 60

monopolies 垄断 77

Mothers Against Drunk Drivers 反酒驾母亲 91

Mr. Gates 关先生 7，11，15-16，24，33，40，41，42，48，56，132，134

Ms magazine, influence of advertising 《女士》杂志，广告的影响 82

multivariate analysis 多变量分析 112

Murdock, G. 默多克 19

Napoli, P. M. 拿坡里 79，90

narrative journalism 新闻叙事学 124，126

narrative theory 叙事学 27

National Research Council 国家研究院 11n

NBC 全国广播公司 4，46

Netherlands 荷兰 98

Neumann, D. 纽曼 100

Neuzil, M. 纽齐尔 64，68

Neveu, E. 内维尤 118-19，133，134

Newcomb, T. M. 纽科姆 17

new media 新媒体 6

news, Mr. Gates' definition 新闻，关先生的定义 16

news consultants 新闻顾问 93-4，95

news content 新闻内容 4，134; characteristics 特征 24-7，135; communication routines 传播常规 52; influence of social institutions *see* social institutions 社会机制的作用 见 社会机制; influence of social system *see* social system 社会系统的作用 见 社会系统; organizational level 机构层级 65-8，74; purpose of messages 讯息的目的 2

news gatherers and gathering 新闻采集者和新闻采集 19，48，54-5

news organizations *see* organizational level 新闻机构 见 机构层级

newspapers 报纸 9，135; communication routines 传播常规 53，55; gatekeeping models 把关模型 16-17，19-20; gatekeeping process 把关程序 23，24; holistic gatekeeping model 多因素把关模型 114，116; organizational level 机构层级 64，65-6，67，69-71，118; social institutions and 社会机制 76，77，81，83，86，87，88，90，91-2，93，94; and social reality 社会现实 4; social system 社会系统 100，103，104，105

news processors 新闻加工者 19，48

newsrooms 编辑部 63，64，65，67-8，70，134；communication routines 传播常规 53，54；social institutions 社会机制 81，87

news schemas 新闻模板 38，42，49

news services 通讯社 24，68，69-70，93，114

news stories 新闻报道 3-4，27，124，126

news subsidy *see* information subsidy 新闻津贴 见 信息津贴

news values 新闻价值观 51，53，54，57，69-70

newsworthiness 新闻价值 4，25-6，28，71，121，122，124，126-7，128，131；communication routines 新闻常规 53，58，60；social system 社会系统 100

New York Times《纽约时报》23，46，64，86，88，92，93

New York Times online《纽约时报》网站 6，7，24，123，124，126，130-1

New Zealand 新西兰，competition 竞争 78

Nisbett，R. 尼斯比特 26，37-8，135

Nixon，Richard 理查德·尼克松 2，23，103，106

Noelle-Neumann，E. 诺埃尔-诺依曼 4

Norway 挪威 78

Obama，Barack 巴拉克·奥巴马 123，130-1

Olien，C. N. 奥利恩 29，100

online media 网络媒体 4，6，24，47，119，120；audience channel 受众渠道 123-4，128-9；challenge of 网络媒体的挑战 130-2，135；communication routines 传播常规 58-9；organizational level 机构层级 68，73；social institutions 社会机制 78，82-3，87

online music 在线音乐 63，132

online newsrooms 网络编辑部 68，87

Oregonian《俄勒冈人》报 64

organizational level 机构层级 2，6，17-18，32，62-75，119，120，133，135；boundary roles 边界角色 21，22，68-71，80，114；characteristics 特征 63-

8，74，83；communication routines 传播常规 55 - 9，60，66，68，69；field theory 场域理论 118；filtering and preselection systems 过滤和预选 63，69，70；forces influencing 作用力效果 73 - 5；gatekeeping concept 把关概念 20 - 1；and gatekeeping process 把关程序 22 - 4；group dynamics 群体动力学 72 - 3，75；holistic gatekeeping model 多因素把关模型 113 - 17；individual level 个体层级 40；socialization 社会化 71 - 2，74 - 5，79，81 - 2，95；social leadership 社会公器 7，65

pastoralism, journalists' values 小镇田园主义，记者的价值观 45

Paterson, C. A. 佩特森 93

path dependence 路径依赖 120

Paul, R. 保罗 116

Pavlik, J. 帕夫利克 58

Persian Gulf War 海湾战争（1991）3 - 4，89

personal voice 人称 126

Peterson, T. 彼得森 97

photojournalism 摄影记者 42，48，65，79，89

pluralism 多元化 100

politics 政治 134，135；gatekeeping process 把关程序 1 - 2；journalists' values 记者的价值观 44 - 5，46；online media 网络媒体 6，7，123，130 - 1；organizational level 机构层级 65，68；social institutions and 社会机制 87，88 - 91，92，93；social systems 社会系统 98，100，104，105，106

Pool, I. D. S. 普尔 79

Powers, A. 鲍尔 77

Preston, A. 普雷斯顿 100

productive thinking 创造性思维 34

Proffitt, J. M. 普罗菲特 65

projective gatekeeper 投射型把关人 79

pseudo-events 伪事件 54，87

psychology 心理学 11 - 12，111 - 12，115，126；models of thinking 思维模式 33 - 5

public journalism 公民新闻 47

public opinion 舆论 3–4

public relations 公共关系 4–5, 20, 86–8, 91, 118, 135; gatekeeping process 把关程序 22, 23; holistic gatekeeping model 多因素把关模型 114; organizational level 机构层级 70–1

race 种族 43–4, 49, 50, 67, 92, 101, 102, 134

radio 无线电广播 66, 83, 135; *see also* broadcast media 另见 广播媒体

Ramsey, S. 拉姆西 67

Ravi, N. 拉维 104

reddit.com 124

Reese, S. D. 丽思 51, 52, 92

reference group theory 参照群体理论 79

reinterpretation 再判读 35–7

Reisner, A. E. 赖斯纳 57–8, 65, 82

religion 宗教 43–4, 49, 50

representativeness heuristic 代表式启发 21, 37, 41

reproductive thinking 再造性思维 34

Reuters Television 路透社电视部 93

Rich, C. 里奇 126

Rimmer, T. 里默 92

Rivenburgh, N. K. 里文伯格 44

Rivers, W. L. 里弗斯 88

Roach, T. 罗奇 105

Rodriguez, M. A. 罗德里格斯 59

Roeh, I. 鲁 133

Rojecki, A. 罗杰基 44, 101

Rolland, A. 罗兰 78

Roosevelt, Franklin 富兰克林·罗斯福 88

Roseborough, M. E. 罗斯伯勒 20

Roshco, B. 罗斯科 56

Ross, L. 罗斯 26, 37-8, 135

Rosse, J. N. 罗斯 77

Rothenbuhler, E. W. 罗森布勒 45

routine channels 常规渠道 22-3, 54, 60

Rucht, D. 鲁赫蒂 133

Ruge, M. H. 鲁格 57

Russell, J. T. 拉塞尔 52

Russial, J. T. 拉舍 64

Salancik, J. R. 萨兰西克 16

Salwen, M. B. 萨尔文 58

Sasser, E. L. 萨瑟 52

Schierhorn, A. B. 席尔霍恩 64

Schierhorn, C. 席尔霍恩 64

Schiffer, A. J. 希弗 55

Schlesinger, P. 施莱辛格 105

Schramm, Wilbur 威尔伯·施拉姆 15n, 97

second guessing 二次评估 35-7, 41, 64, 86, 115

secular states 世俗国家 98

Seo, H. 濑尾 127

September 11, 2001 attacks 2001年"9·11"袭击事件 23, 48, 79

Shapiro, J. M. 夏皮罗 76

Shaw, D. L. 肖 24

Shin, J.-H. 西恩 86

Shoemaker, P. J. 休梅克 4, 46, 51, 52, 113, 123, 127, 128, 132, 133, 134

Shulman, I. 舒尔曼 79

Siebert, F. S. 西伯特 97-8

Sierra Club 塞拉俱乐部 91

Sigal, L. V. 西加尔 22, 23, 54, 60, 71, 85

Silverstone, R. 西尔弗斯通 105

Sinclair, Upton 厄普顿·辛克莱 9

Singer, J. B 辛格 47, 58-9, 119

Slawski, E. 斯拉夫斯基 47

Slovic, P. 斯洛维克 37

Snider, Paul 保罗·斯奈德 16

Snodgrass, J. G. 斯诺德格拉斯 33

social change 社会变迁 3, 12, 106-7, 132

social cohesiveness 社会凝聚力 72

social control 社会控制 71; media as agents of 媒介议程 46-7

social filtering 社会过滤 59

social information processing 社会信息加工 59

social institutions 社会机制 32, 76-96, 133; advertisers 广告 78, 80-3, 89, 92, 93, 95; audiences 受众 78-81; financial markets 金融市场 83-4; as forces 社会机制的作用 94-6; government 政府 88-91, 96; holistic gatekeeping model 多因素把关模型 113, 116; interest groups 利益集团 91-2; markets 市场 76-8, 94-5; news consultants 新闻顾问 93-4, 95; other media 其他媒体 92-3, 95; public relations 公共关系 86-8, 91; and social system 社会系统 99, 100-1; sources 信息源, 新闻源 77, 84-6, 95, 96

socialization 社会化 101; communication routines 传播常规 53, 60; holistic gatekeeping model 多因素把关模型 115; individual level 个体层级 49, 50; organizational 机构层级 71-2, 74-5, 79, 81-2, 95

social news sites, communication routines 社交新闻网站, 新闻常规 59

social order, journalists' values 社会秩序, 记者的价值观 46

social psychology 社会心理学 126

social reality 社会现实 3, 4, 25

social significance, newsworthiness 社会意义, 新闻价值 4, 25, 126, 127

social stability, theory of 社会稳定, 社会稳定的理论 3

social structure 社会结构 97, 99-101, 105, 106, 134

social system 社会系统 2, 32, 78, 97-107, 133; culture 文化 97, 104-5; holistic gatekeeping model 多因素把关模型 113，116，117；ideology 观念，意识形态 97，101-3；significance of 社会系统的重要性 97-9；and social structure 社会结构 97，99-101，105，106

social values Journalists' 记者的社会价值观 44-7，57

sociology 社会学 113

Soley，L. C. 索利 55，92

Soloski，J. 索洛斯基 47，84

sources 信息源 23，121-2，128，131；communication routines 传播常规 54-5，60；social institutions 社会机制 77，84-6，95，96

Spain, influence of government 西班牙，政府的控制 88

standpoint epistemology 立场认识论 49-50

Stark，K. 斯塔克 47

statistical methods 统计方法 134

Steinbock，D. J. 斯坦贝克 59

Stempel，G. H.，III 斯坦普尔 52，53，70，93

Sternberg，R. J. 斯滕伯格 33，34

Stinchcombe，A. L. 斯廷科姆 106

Strate，L. 斯特拉特 45

Strodtbeck，F. L. 斯特罗特贝克 20

Strohm，S. M. 斯特罗姆 98

structuration theory 结构化理论 134

Students for a Democratic Society 争取民主的学生 46

style 体例，communication routines 传播常规 58，60

Sumpter，R. S. 森普特 53，58，64

Sun，T. 孙 100

Swidler，A. 斯威德勒 101，102，104，106，132

Tankard，J. W.，Jr. 坦卡德 92

technology 技术 58-9，68，70，119

telegraph editors 电讯编辑 56

television 电视 133，135；communication routines 传播常规 53，55，56，58；gatekeeping process 把关程序 24，25；holistic gatekeeping model 多因素把关模型 114，116；individual level 个体层级 40-1；organizational level 机构层级 64，66，67，68，74，118；social institutions and 社会机制 78，80，83，85，87，92，93，94，95；and social reality 社会现实 4；social system and 社会系统 97，100

terminology 术语 5-6

test marketing 市场测试 63

thinking, models of 思维，各种思维模式 33-5，41，115

Tichenor, P. J. 蒂齐纳 29，100

time, challenge of online media 时间，网络媒体的挑战 131-2

Times Company《泰晤士报》公司 83

time series analysis 时间序列分析 132

Todd, R. 托德 93

traditional media 传统媒体 6，24

Traquina, N. 特拉基纳 55

Truman, Harry 哈里·杜鲁门 88

truth 真相 2，9，15；see also second guessing 另见 二次评估

Tuchman, G. 塔奇曼 9，21，35，56，60，71，73，113

Tuggle, C. A. 塔格尔 94

Tunstall, J. 腾斯托尔 116

Turk, J. V. 特克 55

Turow, J. 图罗 81

Tversky, A. 特韦尔斯基 37

Ukraine 乌克兰 104

Underwood, D. 安德伍德 45

United Press 合众社 15

United States：characteristics of journalists 美国：记者的特征 43-8；gatekeeping process 把关程序 1-2；ideology 观念，意识形态 117；influence of social institutions 社会机制的作用 76，80，83，88，89-92，93；influence of social system 社会系统的作用 98，100，101，102-3，104，105，106，133，134；media law and policy 媒介政策和法规 1-2；newspapers 报纸 9，70，71；politics and online media 政治和网络媒体 6，7，123，130-1；public relations 公共关系 4-5

United States military 美国军方 3-4，89

Vanity Fair《名利场》82

video exchange 视频交换 132，133

video news release 视频新闻稿 120

vivid messages 生动的讯息 26-7，28，126，135

Voakes, P. S. 沃克斯 47

Wackman, D. B. 瓦赫特曼 65

Wallerstein, I. M. 沃勒斯坦 133

Wall Street Journal《华尔街日报》72，74，92

Wang, J. 王 100

Wanta, W. 万塔 67

Ward, J. 沃德 64，68

Ward, W. J. 沃德 53

Wasburn, P. C. 沃斯伯恩 46

Washington Post《华盛顿邮报》2，23，86，92

Watergate scandal 水门丑闻 23，102-3

Weaver, D. H. 韦弗 43，47

Webb, E. J. 韦布 16

Weill, S. 韦尔 101

Westley, B. H. 韦斯特利 17-18，80，84，123

White, David Manning 大卫·曼宁·怀特 9，11，15-16，17，18，19，21，24，27，29，40，41，42，48，51，56，112

Whitney, D. C. 怀特尼 24，69-70

Wickenden, E. 威肯登 55

Wilhoit, G. C. 维尔霍伊特 43, 47

Williams, B. A. 威廉姆斯 58, 119

Williams, R. 威廉姆斯 101, 102

women's rights movement 女权运动 2

Wood, D. J. 伍德 59

Woodward, B. 伍德沃德 23

WorldCom 世通 132

Wright, P. 赖特 39, 40, 41, 116

Wrigley, B. 里格利 51

Yan, M. Z. 严 90

Yoon, Y. 尹 88

YouTube 124

Yu, G. 于 100

Zhou, S. 周 85

Zoch, L. M. 佐奇 55

译后记

这本书对有关把关的文献进行了全面的梳理，从宏观的社会系统到微观的编辑记者和受众个体，从传统的报刊研究到现今的网络研究，几乎是面面俱到，而且还设想了未来可能的研究方向。从事新闻学研究的学者，不妨一读。

在翻译此书的过程中，我得到了众多朋友的帮助，有时候深夜打扰，朋友们也从不拒绝，总是热心提供参考意见。这里特别感谢被我打扰最多的复旦大学陆晔教授、美国得克萨斯农工大学的华恺真（Cara Wallace）教授，还有我的朋友白桦、洪颖。获得的帮助来自四面八方，这里一并感谢。

还要感谢中国人民大学出版社给我这个机会，让我退休之后还能做点有意义的事情。

读者在阅读中如发现错误和不妥，欢迎批评和讨论。

衷心希望本书能为做新闻学研究的朋友们提供一点参考。

Gatekeeping Theory by Pamela J. Shoemaker and Tim P. Vos

ISBN：9780415981392

Copyright © 2009 Taylor & Francis

Authorized translation from the English language edition published by Routledge, a member of the Taylor & Francis Group. All rights reserved. 本书原版由 Taylor & Francis 出版集团旗下 Routledge 公司出版，并经其授权翻译出版，版权所有，侵权必究。

China Renmin University Press is authorized to publish and distribute exclusively the Chinese (Simplified Characters) language edition. This edition is authorized for sale throughout the mainland of China. No part of the publication may be reproduced or distributed by any means, or stored in a database or retrieval system, without the prior written permission of the publisher. 本书中文简体翻译版授权由中国人民大学出版社独家出版并仅限在中国大陆地区销售，未经出版者书面许可，不得以任何方式复制或发行本书的任何部分。

Copies of this book sold without a Taylor & Francis sticker on the cover are unauthorized and illegal. 本书封面贴有 Taylor & Francis 公司防伪标签，无标签者不得销售。

北京市版权局著作权合同登记号：01-2014-8150

图书在版编目（CIP）数据

把关理论／（美）帕梅拉·J. 休梅克
（Pamela J. Shoemaker），（美）蒂姆·P. 沃斯
（Tim P. Vos）著；孙五三译. --北京：中国人民大学出版社，2022.5
（当代世界学术名著. 新闻与传播学译丛. 大师经典系列）
书名原文：Gatekeeping Theory
ISBN 978-7-300-30532-5

Ⅰ. ①把… Ⅱ. ①帕… ②蒂… ③孙… Ⅲ. ①新闻学-传播学-研究 Ⅳ. ①G210

中国版本图书馆 CIP 数据核字（2022）第 060369 号

当代世界学术名著
新闻与传播学译丛·大师经典系列
把关理论
［美］帕梅拉·J. 休梅克（Pamela J. Shoemaker） 著
　　　蒂姆·P. 沃斯（Tim P. Vos）
孙五三　译
Baguan Lilun

出版发行	中国人民大学出版社			
社　　址	北京中关村大街 31 号		邮政编码	100080
电　　话	010-62511242（总编室）		010-62511770（质管部）	
	010-82501766（邮购部）		010-62514148（门市部）	
	010-62515195（发行公司）		010-62515275（盗版举报）	
网　　址	http://www.crup.com.cn			
经　　销	新华书店			
印　　刷	北京昌联印刷有限公司			
规　　格	170 mm×240 mm　16 开本		版　次	2022 年 5 月第 1 版
印　　张	14.25 插页 2		印　次	2022 年 5 月第 1 次印刷
字　　数	189 000		定　价	59.80 元

版权所有　　侵权必究　　印装差错　　负责调换